Bettina Rühl
Wir haben nur die Wahl
zwischen Wahnsinn oder Widerstand
Frauen in Algerien

Bettina Rühl

Wir haben nur die Wahl zwischen Wahnsinn oder Widerstand

Frauen in Algerien

Die Deutsche Bibliothek – CIP-Einheitsaufnahme

Rühl, Bettina:
Wir haben nur die Wahl zwischen Wahnsinn oder Widerstand :
Frauen in Algerien / Bettina Rühl.
- Unkel/Rhein , Bad Honnef : Horlemann, 1997
ISBN 3-89502-069-9

Wir danken für die Unterstützung dem
Kirchlichen Entwicklungsdienst der
Evangelischen Kirche in Deutschland
durch den ABP.

Umschlaggestaltung: Karl Debus, Bonn
unter Verwendung eines Fotos von
Transparent / Bettina Rühl.

Bitte fordern Sie unser aktuelles Gesamtverzeichnis an!

Horlemann Verlag
Postfach 1307
53583 Bad Honnef
e-mail: horlemann@aol.com

Internet:
http://www.mediacompany.com/horlemann

Gedruckt in Deutschland

1 2 3 4 5 / 00 99 98 97

Inhalt

Vorwort   *7*

Karte Algerien   *11*

Einleitung   *13*

Alltag gegen die Angst

Frauenleben in Algerien   *19*
- Fatima, Sekretärin   *21*
- Selia, Abteilungsleiterin in einem Staatsunternehmen   *24*
- Nadja, Aktmodell an der Hochschule für Künste   *27*
- Nedjoua, Schülerin   *30*
- Sira, Schülerin   *32*
- Khedidja Chabane, Direktorin einer Grundschule   *35*
- Malika Soukra, geschiedene Mutter   *37*
- Selima Amrani, Witwe   *40*
- Fathia Chérif, Hausfrau und Mutter   *42*

Ausweg Islam?

Die Attraktivität der FIS für Frauen   *45*
- Houda Bellemou, Hausfrau   *48*
- Rabéa Mehri, Lehrerin   *54*

Berichte vom Leben zwischen den Fronten

Journalistinnen in Algier   *61*
- Djamila Laroussi, Journalistin   *62*
- Malika Laichour, Filmemacherin   *72*
- Zéhira Yahi, Direktorin im Algerischen Radio   *78*
- Salima Ghezali, Chefredakteurin der
  Wochenzeitung »La Nation«   *88*

Öffentliche Präsenz und Widerstand

Frauen als Motor der Demokratiebewegung   93
- Anissah Asselah, Stiftung Ahmed Asselah   94
- Leila Boukli, »Frauen in Kommunikation«   97
- Leila Chikhi, »Unabhängige Assoziation für den Triumph der Rechte der Frauen« (AITDF)   103
- Nassera, »Algerische Vereinigung Demokratischer Frauen« (RAFD)   129
- Luisa Ait Hamou, Aktivistin der Frauenbewegung   115
- Fatima Bouferik, »Algerierinnen, die ihre Rechte einklagen« (FARD)   136
- Benazza Sany, »Algerische Ärztinnen«   141

Vom Unabängigkeitskrieg zum Bürgerkrieg

Die Perspektive ehemaliger Partisaninnen   145
- Fettouma Ouzegane, Lehrerin   146
- Djohar Akrour, Abteilungsleiterin im algerischen Fernsehen   154

Epilog   163

Anhang

Glossar   167
Personenregister   175
Basisdaten Algerien   181

Vorwort

Zwischen 50.000 und 120.000 Menschen wurden – je nach Quelle – durch die blutige Auseinandersetzung zwischen bewaffneten Islamisten und staatlichen Sicherheitskräften seit Anfang 1992 in Algerien getötet. Ein paar zehntausend Tote mehr oder weniger – genauer werden die Opfer des algerischen Bürgerkriegs nicht mehr gezählt.

Die überwiegende Mehrheit der Bevölkerung steht zwischen den Fronten und wird dort zerrieben. Die Toten kommen aus allen sozialen Schichten und allen Berufen: Unter ihnen sind Facharbeiter und Schriftsteller, gemäßigte moslemische Prediger und verschleierte Frauen, Schülerinnen und Politiker, Hausfrauen und Ärzte.

Und trotzdem: Das Leben geht weiter. Die Kinder gehen in die Schule, und die Frauen gehen zur Arbeit oder zum Einkaufen. Die Boulevards sind voller Leben; in der Menge mischen sich Pariser Schick und Schleier, Minirock, Anzug oder Jeans. Die Straßencafés sind gut besucht, und nachts flirten die Jugendlichen in den Diskotheken. Zivilcourage, dieser Begriff ist mir in Algier immer wieder durch den Kopf gegangen.

Im November 1994 traf ich in Bonn eine Delegation algerischer Frauen; die Gruppe war auf Einladung der Friedrich-Ebert-Stiftung in Deutschland. Die Frauen – unter ihnen Luisa Ait Hamou, die ich später in Algier wiedertraf – erzählten von den Aktivitäten der unterschiedlichen Frauenassoziationen, vom alltäglichen Terror und vom Alltag der Frauen in Algier. Die Algerierinnen machten in Bonn ihre Enttäuschung darüber deutlich, daß die Nachrichten in Europa von Berichten über die beiden Bürgerkriegsparteien beherrscht werden, während die zivile Gesellschaft und ihr alltäglicher Widerstand nur selten ein Thema ist.

Dadurch wurde ich darin bestärkt, genau das zum Thema einer vierwöchigen Recherchereise im März 1996 zu machen: Die zivile Gesellschaft, die eine dritte Kraft in dem Konflikt ist und aktiver, als allgemein zur Kenntnis genommen wird. Innerhalb der zivilen Gesellschaft spielen die Frauen eine wichtige Rolle; sie haben sich in den vergangenen Jahren in Dutzenden von Assoziationen zusammengeschlossen, während die Männer eher in politischen Parteien organisiert sind. Aufrufe zu Demonstrationen oder anderen Formen des zivilen Widerstands sind in den vergangenen Jahren immer wieder von unterschiedlichen Frauenassoziationen ausgegangen.

Über die Situation der algerischen Intellektuellen ist vergleichsweise häufig berichtet worden; mir ging es darum, außerdem jene zu Wort kommen zu lassen, die nicht daran gewöhnt sind, das Wort zu ergreifen, denn sie spielen in dem algerischen Drama eine nicht minder wichtige Rolle. Im ersten Kapitel kommen einige von den Frauen zu Wort, die nicht politisch organisiert sind. Sympathisantinnen der »Islamischen Heilsfront« (FIS) erzählen im zweiten Kapitel, Journalistinnen berichten im dritten, es folgen Frauen aus verschiedenen Assoziationen und schließlich ehemalige Partisaninnen, die bereits während des algerischen Unabhängigkeitskrieges gegen Frankreich aktiv waren.

Die Auswahl meiner Gesprächspartnerinnen wurde durch meine Arbeitsbedingungen beeinflußt. Um eine Akkreditierung als Journalistin zu bekommen, mußte ich das »Sicherheitsprogramm« der algerischen Regierung akzeptieren. Das heißt, ich mußte in dem schwer bewachten Hotel »El Djazair« wohnen, in dem Journalisten üblicherweise untergebracht sind und die Mitarbeiter der deutschen Botschaft einen eigenen Bereich bewohnen. Außerdem stellte mir die Regierung zwei Leibwächter, die mich ständig begleiteten. Zwar waren sie bei keinem der Interviews anwesend, aber natürlich waren Kontakte zu Angehörigen von Mitgliedern der bewaffneten Opposition oder deren Sympathisanten wegen der staatlichen Sicherheitskräfte an meiner Seite unmöglich. Auch einige der politisch unabhängigen Frauen waren wegen meiner Begleitung nicht bereit, mit mir zu sprechen – einmal mehr ist das Ausdruck davon, wie tief das Mißtrauen der Bevölkerung gegen beide Parteien des blutigen Konfliktes ist.

Rein quantitativ kommt in dem vorliegenden Band die Seite derer sehr kurz, die von der Regierung verfolgt werden. Weil ich nicht ganz auf sie verzichten wollte, habe ich zwei Sympathisantinnen der FIS später in Deutschland getroffen. Das wirft, nebenbei gesagt, ein bezeichnendes Licht auf die deutsche Asylpolitik: Nach deutschem Recht gilt als politisch verfolgt nur, wer von staatlicher Seite verfolgt wird. Deshalb werden zwar Mitglieder der FIS oder der »Bewaffneten Islamischen Gruppe« (GIA) als Asylberechtigte anerkannt, nicht aber jene, die von den bewaffneten Untergrundgruppen verfolgt werden.[1]

Durch das »Sicherheitsprogramm« war ich in meiner Bewegungsfreiheit stark eingeschränkt; die geplanten Reisen durch Algerien wurden mir nicht gestattet bis auf zwei Ausnahmen: Einige Tage konnte ich in der westalgerischen Stadt Oran arbeiten, einen Tag lang hat mich die Gendarmerie in die Gegend von Boufarik begleitet. Insofern spiegeln die Gespräche fast ausschließlich die extrem angespannte Situation in der Hauptstadt Algier wider.

Die Namen fast aller meiner Gesprächspartnerinnen habe ich geändert, oder ich habe, wenn sich mir jemand nur mit dem Vornamen vorgestellt hat, den Vornamen übernommen. Den Klarnamen

---

1 »Politisch Verfolgte genießen Asylrecht«, heißt es im deutschen Grundgesetz (Art. 16, Abs. 2, Satz 2). Das klingt zwar eindeutig, doch wer als politisch Verfolgter zu gelten hat und damit asylberechtigt ist, ist im Grundgesetz nicht klar definiert. Das Flüchtlingswerk der Vereinten Nationen UNHCR kritisiert seit Jahren, daß in Deutschland strengere Maßstäbe gelten, als von der »Genfer Flüchtlingskonvention« vorgegeben – und das, obwohl Deutschland diese Konvention ratifiziert hat. Sie wurde nach den Erfahrungen des Zweiten Weltkriegs 1951 verabschiedet und 1967 um ein »Protokoll über die Rechtsstellung der Flüchtlinge« ergänzt. Nach Artikel eins der Konvention gilt als politisch verfolgt, wer wegen seiner Rasse, Religion, Nationalität, Zugehörigkeit zu einer bestimmten sozialen Gruppe oder seiner politischen Überzeugung verfolgt wird, unabhängig davon, ob diese Verfolgungsmaßnahmen von staatlicher oder nichtstaatlicher Seite ausgehen.
Dieser Definition wird in der deutschen Entscheidungspraxis keine Rechnung getragen. So wurden etwa Asylanträge somalischer Asylbewerber mit der Argumentation abgelehnt, politische Verfolgung sei immer staatliche Verfolgung. Weil die Staatsgewalt in Somalia zusammengebrochen sei, könne dort eine politische Verfolgung schon grundsätzlich nicht mehr stattfinden, hieß es beispielsweise in einem Urteil des Verwaltungsgerichtshofes Baden Württemberg (A 13 S 1583/91, Urteil vom 8.12.1992).

habe ich nur dann stehen lassen, wenn die Frauen unter diesem Namen selbst schon in die Öffentlichkeit gegangen sind, d.h. bei den Journalistinnen und den organisierten Frauen. Auch hier gibt es allerdings zwei Ausnahmen: Die von mir so genannte Djamila Laroussi, weil ich sie für extrem gefährdet halte, und »Nassera«, die um Anonymität gebeten und sich mir unter diesem Namen vorgestellt hat. Sie hat mich, wie fast alle der politisch aktiven Frauen, in meinem Hotel aufgesucht. Die Aufmerksamkeit, die ein Besuch von einer Europäerin mit zwei Begleitern sicherlich erregt hätte, wäre für diese Frauen möglicherweise eine zusätzliche Gefährdung gewesen. Und sie haben vermieden, die staatlichen Sicherheitskräfte zu sich nach Hause zu führen. Bei diesen Gesprächen fehlt die kurze Beschreibung der Gesprächssituation, die ich den übrigen Berichten vorangestellt habe.

Die Frage der Anonymisierung macht deutlich, daß die Frauen ein nicht unerhebliches Risiko eingingen, als sie mit mir gesprochen haben. Mit vielen von ihnen habe ich stundenlang geredet, doch in meinen verschiedenen Rundfunkbeiträgen und Zeitungsartikeln konnte ich nur vergleichsweise kurze Auszüge daraus verwenden. Das schien mir in keinem Verhältnis zu dem Einsatz meiner Gesprächspartnerinnen zu stehen, und ich bin dem Horlemann-Verlag dafür dankbar, daß er den Vorschlag für das Buch in der vorliegenden, dokumentierenden Form angenommen hat. Denn das war mir besonders wichtig: Den Frauen selbst das Wort zu geben.

Bei allen Frauen möchte ich mich für das Vertrauen bedanken, das sie mir entgegengebracht haben. Ausdrücklich danken möchte ich an dieser Stelle auch Lilian und Noureddine el Hacemi, die mir wichtige Kontakte vermittelt haben, und ganz besonders Houda Nora Beldjoudi, die mir in Algier vieles vermittelt und Türen geöffnet hat; viele Frauen haben mir wohl nur deshalb so spontan Vertrauen entgegen gebracht, weil ich in ihrer Begleitung war. Sie hat übersetzt, wenn die Gespräche auf arabisch geführt wurden, und mir die Arbeit in Algier in vielfacher Weise erheblich erleichtert – nicht zuletzt dadurch, daß die mit ihr verbrachte Zeit Normalität in die etwas bizarre Arbeitssituation gebracht hat.

Köln, im Mai 1997

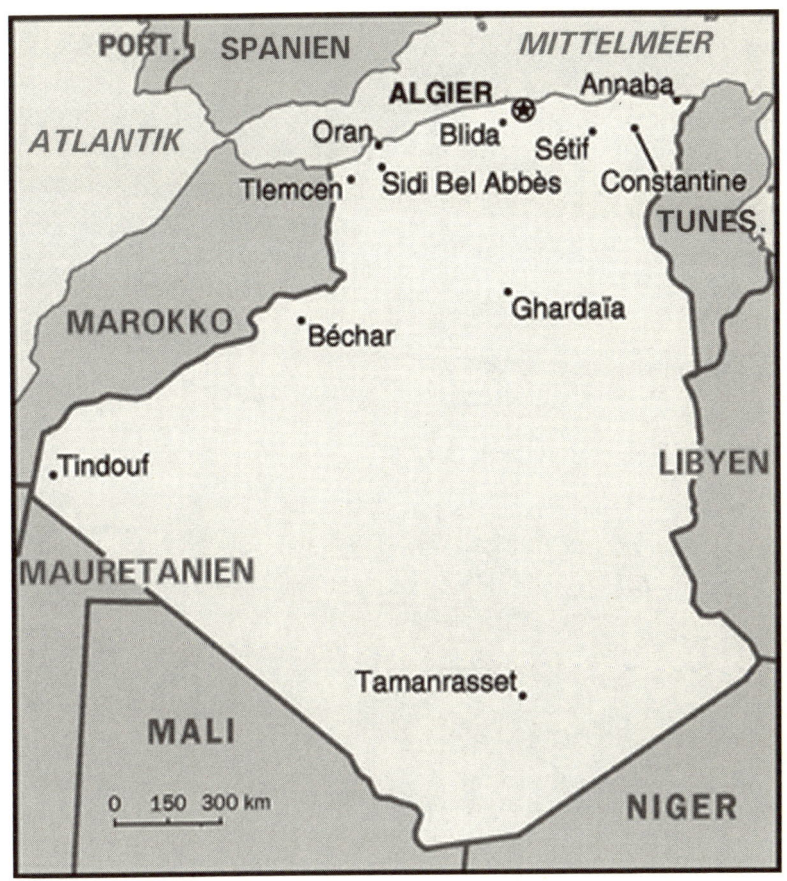

PORT. SPANIEN MITTELMEER

ATLANTIK

ALGIER ⊛ Annaba

Oran Blida Sétif

Tlemcen Sidi Bel Abbès Constantine

TUNES

MAROKKO Ghardaïa

Béchar

Tindouf LIBYEN

MAURETANIEN

Tamanrasset

MALI

0 150 300 km NIGER

Einleitung

Oktober 1988. Kinder plündern die Geschäfte in der algerischen Hauptstadt Algier, Jugendliche stürmen die Ministerien. Tausende – vor allem junge Menschen – sind auf der Straße, zerstören die Symbole der Staatsmacht, verwüsten das Zentrum der Hauptstadt.

Entzündet hatte sich der Aufstand, als in den Regalen der staatlichen Läden nach Kaffee und Zucker nun auch noch die Hirse fehlte, die Grundlage für das Nationalgericht Couscous. Das sozialistische Algerien – wegen seiner Öl- und Erdgasvorkommen ein potentiell reiches Land – war bankrott, abgewirtschaftet vom Regime der Einheitspartei FLN (»Front de Libération Nationale«, »Nationale Befreiungsfront«), die die Macht übernommen hatte, als Algerien 1962 von Frankreich unabhängig wurde.

Seit 1985 war der Ölpreis auf dem Weltmarkt dramatisch verfallen und die Deviseneinnahmen deshalb empfindlich zurückgegangen, doch das war nur eine Ursache der Wirtschaftskrise. Eine weitere: Korruption. Die Kader und die Günstlinge des 1988 amtierenden Präsidenten Chadli Benjedid hatten nur zehn Jahre gebraucht, um 27 Milliarden Dollar auf ihre privaten Konten umzuleiten – eine Summe, die der Höhe der algerischen Auslandsschulden entsprach.

Die »Oktoberrevolte« der Jugend gegen das Regime dauerte eine Woche. Am Ende ließ Chadli Benjedid Panzer auffahren und in die Menge schießen. Die Zahl der Opfer wird auf über 500 geschätzt.

Um weitere Unruhen zu verhindern und um zu retten, was von dem System noch zu retten war, machte Präsident Chadli demokratische Konzessionen. 1989 wurde eine neue Verfassung verabschiedet, die FLN versprach Parlamentswahlen und ließ nach 30 Jahren Alleinherrschaft erstmals andere Parteien zu. Unter den rund 60 neugegründeten Parteien, die 1989 zugelassen wurden, war auch die FIS (»Front Islamique du Salut«). Die demokratische Opposition protestierte gegen ihre Zulassung, weil die FIS als religiös fundierte Partei der algerischen Verfassung widerspreche – vergeblich. In der neuen Partei hatte sich ein Großteil der verschiedenen, oft informellen islamistischen Gruppierungen zusammengeschlossen, die sich seit Mitte der 70er Jahre in Algerien gebildet hatten. Geführt wird die FIS von Abassi Madani, einem Soziologieprofessor, und Cheick Ali Belhadj. Der junge und charismatische Imam hatte durch seine Predigten schon vorher Aufsehen erregt. Scharf attackierte er die Korruption des Regimes, empfahl den Islam als »eine Peitsche gegen die Hochmütigen« und nannte ihn eine »Religion des Heiligen Krieges«. Mit ihren Heilsversprechen begeisterte die FIS vor allem Jugendliche in den verarmten und überbevölkerten Stadtvierteln, denn denen hatte das bankrotte System nichts mehr zu bieten: keine Arbeit, keine Wohnung, keine Aussicht auf Besserung. Die Mehrheit der Jugendlichen ist arbeitslos, und es gibt viele Jugendliche: Zwei Drittel der Algerier sind jünger als 30. Die Prediger der FIS versprachen ihnen Wohung, Arbeit, Kleidung und medizinische Versorgung – jedenfalls taten sie so, als ob das Recht darauf nicht nur im Koran verankert, sondern auch einlösbar sei. Einer der Vorschläge: Die Frauen sollten ihre Stellen räumen, um das Problem der Arbeitslosigkeit zu lösen – dabei waren nur rund 360.000 Algerierinnen erwerbstätig, knapp acht Prozent der aktiven Bevölkerung.

Bei den Kommunalwahlen im Juni 1990 eroberte die FIS gut die Hälfte der algerischen Rathäuser. Sie errichtete »islamische Märkte«, in denen die Lebensmittel billiger verkauft werden konnten, weil die Zwischenhändler ausgeschaltet wurden. Sport- und Kulturstätten wurden in Wohnraum verwandelt. Im Juni des darauffolgenden Jahres versuchte die FIS, das öffentliche Leben durch eine Streikbewegung lahmzulegen. Das Militär verhängte den Ausnahmezustand; Abassi Madani und Ali Belhadj wurden festgenommen und vom Militärgericht Blida wegen »Angriffs auf die Staatssicherheit« zu je zwölf Jahren Freiheitsstrafe verurteilt.

Neben der FIS waren 1989 zwei weitere islamistische Parteien zugelassen worden, die »Bewegung für eine Islamische Gesellschaft« (»Haraka li-Mujtama' Islami«, MSI-Hamas) unter Cheikh Mahfoud Nannah und die »Bewegung für die islamische Wiedergeburt« (»Mouvement de la Renaissance Islamique«, MRI) von Cheikh Abdallah Djaballah. Sie traten bei den Parlamentswahlen im Dezember 1991 kaum in Erscheinung, doch für die FIS zeichnete sich nach dem ersten Wahldurchgang ein Erdrutschsieg ab: Sie erhielt gut 47 Prozent der gültig abgegebenen Stimmen. Die Wahlbeteiligung war allerdings gering; nur knapp ein Viertel der gesamten Wählerschaft gab der FIS ihre Stimme.

Das Militär setzte den zweiten Wahldurchgang aus, Präsident Chadli Benjedid ab und einen »Hohen Staatsrat« als Übergangsregierung ein. Die FIS wurde verboten: Am 19. März 1992 erklärte das Verwaltungsgericht Algier die »Islamische Heilsfront« für aufgelöst. Nach Angaben der Menschenrechtsorganisation »pro asyl« wurden in der Folge bis zu 15.000 FIS-Mitglieder in der Sahara interniert (nach nationalen und internationalen Protesten wurde 1995 das letzte dieser Lager geschlossen).

Das Verbot der FIS löste eine Welle der Gewalt aus. Bewaffnete islamische Gruppen erklärten dem Regime den Krieg. Die größten unter ihnen sind die »Bewaffnete Islamische Gruppe« (Groupe Islamique Armée, GIA), die »Bewaffnete Islamische Bewegung« (Mouvement Islamique Armée, MIA) und der bewaffnete Arm der FIS, die »Islamische Armee des Heils« (Armée Islamique du Salut, AIS).

Hoffnung auf eine baldige Lösung der Krise breitete sich aus, als Mohammed Boudiaf im Frühjahr 1992 von den Militärs zum Präsidenten ernannt wurde. Boudiaf, ein ehemaliger Partisan aus der Zeit des algerischen Unabhängigkeitskriegs gegen Frankreich, betrat nach 27 Jahren im marokkanischen Exil erstmals wieder algerischen Boden. Der charismatische und integre Boudiaf galt als ein Politiker, dem es gelingen könnte, das zerrissene Land zu einen. Er forderte einen radikalen Bruch mit dem System, geißelte die Korruption der Kader und attackierte in seinen Reden auch die Militärs. Am 29. Juni 1992 wurde er während einer Rede erschossen. Für den Mord wurde 1995 einer seiner Leibwächter als Einzeltäter verantwortlich gemacht und verurteilt, doch die Hintergründe der Tat blieben weiter im dunkeln.

Im Laufe der Jahre ist immer undurchsichtiger geworden, wer für die Bombenattentate, Massaker und Morde im einzelnen verantwortlich ist: Islamistische Untergrundkämpfer, getarnte Sicherheitsdienste des Regimes, Todesschwadronen der Armee, Kriegsherren lokaler Milizen oder kriminelle Banden, die von der unsicheren Lage profitieren und die Bevölkerung mit Erpressungen oder Schutzgeldforderungen terrorisieren. Und das makabere Kalkül der Regierung scheint zu sein, durch Terror unter dem falschen Etikett der Islamisten deren Ansehen bei der Bevölkerung weiter zu diskreditieren und das Volk durch die Eskalation des Schreckens auf die Seite der Armee und damit des Regimes zu zwingen. Im Kampf gegen die bewaffnete Opposition scheint der Regierung jedes noch so barbarische Mittel Recht zu sein. Amnesty international wirft dem Regime vor, seine mutmaßlichen oder tatsächlichen Gegner willkürlich zu verhaften, zu foltern und »verschwinden« zu lassen.

Das algerische Drama scheint für viele ein profitabler Totentanz zu sein. Eine im August 1995 veröffentlichte Studie des CERI, einer französischen Stiftung für politische Wissenschaften, bestätigte die Existenz unabhängiger bewaffneter Banden, die mit dem Terror blühende Geschäfte machen. Und: Von einer klaren Front zwischen Regierungsvertretern und bewaffneten islamistischen Gruppierungen könne keine Rede sein. Eine solche Beschreibung sei »vereinfachend« und widerspreche »der entgegenkommenden Haltung der bewaffneten Opposition gegenüber einigen lokalen Politikern, die dennoch als Feinde bezeichnet werden«. Basis der Verständigung zwischen islamistischen Untergrundkämpfern, autonomen bewaffneten Gruppen und einigen der lokalen Honoratioren sei die gemeinsame Erfahrung, daß der Krieg als Mittel tauge, um Reichtum und Ansehen zu vergrößern.

Anfang 1994 setzte das Militär den ehemaligen General Liamine Zéroual als Präsidenten ein. Ihm überreichten die größten algerischen Oppositionsparteien – einschließlich der FIS und der FLN – im November desselben Jahres ein Angebot zum Dialog. In diesem sogenannten »Vertrag von Rom« erklärten alle beteiligten Parteien, daß sie Gewalt als Mittel zur Machtergreifung oder zum Machterhalt ablehnen. Die FIS verurteilte Gewalt allerdings nicht grundsätzlich: Die »Islamische Heilsfront« hielt an ihrer Position fest, daß Rebellion als solche legitim sei, wenn einer Partei die verfassungsmäßigen Wege verschlossen sind. Gemeinsam mit den übrigen in Rom versammelten Parteien garantierte die FIS jedoch ihre Zustimmung zu einem Mehrparteiensystem. Die Oppositionsparteien forderten als »Gegenleistung« von der algerischen Regierung, daß Machthaber und Opposition gemeinsam eine »nationale Konferenz« bilden, die während einer »möglichst kurzen Übergangsperiode« freie Wahlen vorbereiten solle.

Das Regime lehnte das Angebot schroff ab. Ein Jahr später ließ sich Präsident Zéroual vom Volk in seinem Amt bestätigen. Am 16. November 1995 wurde er mit offiziell gut 60 Prozent der Stimmen gewählt; vor allem Frauen gaben ihm ihre Stimme. Rund ein Viertel der Wahlberechtigten stimmte nach offiziellen Angaben für den Hamas-Vorsitzenden Nannah; die größten Oppositionsparteien boykottierten die Wahl. Die GIA hatte versucht, das Volk durch massive Drohungen von den Urnen fernzuhalten: »Jede Stimme ein Sarg.« Die Algerierinnen und Algerier ließen sich dadurch allerdings nicht einschüchtern, die Wahlbeteiligung lag nach offiziellen Angaben bei 75 Prozent. Davon war die Bevölkerung selbst überrascht und feierte das Ergebnis als einen Sieg über die Angst vor dem Terror. Aufbruchstimmung machte sich breit.

Mit der Wahl des ehemaligen Generals Zéroual stimmte das Volk nach allgemeiner Einschätzung vor allem für Sicherheit und ein Ende des »Terrorismus«. Zéroual berief ein Kabinett der Technokraten, in dem auch die Hamas zwei Ministerposten erhielt. Wirtschaftlich ging es in der Folge leicht bergauf. Ausländische Investoren interessieren sich seitdem trotz der anhaltend unsicheren Lage wieder für das nordafrikanische Land, und zwar vor allem für seine Öl- und Erdgasvorkommen. Nach Jahren der Rezession gab es 1995 erstmals wieder ein leichtes Wachstum des Bruttosozialproduktes. Mehrere Umschuldungsabkommen und ein Zahlungsaufschub für 13 Milliarden US-Dollar entlasteten den Staatshaushalt 1995, nachdem Algerien 1994 bereits kurz vor der Zahlungsunfähigkeit gestanden hatte. Die Bevölkerung spürt von der günstigen Konjunktur allerdings wenig; sie wird von der Härte der Strukturanpassungsprogramme getroffen, die Algerien mit dem Internationalen Währungsfond 1995 für drei Jahre beschlossen hat.

Die Euphorie, die viele Algerierinnen und Algerier nach den Präsidentschaftswahlen am 16. November ergriffen hatte, war schon wenige Monate später verflogen und hatte gründlicher Enttäuschung Platz gemacht – Enttäuschung auch darüber, daß kein Ende des Terrors abzusehen ist und die Eskalation des Schreckens immer weitere Kreise der Bevölkerung betrifft.

Alltag gegen die Angst

Frauenleben in Algerien

Im Frühjahr 1994 verkündete die GIA ein Ultimatum: Alle Frauen, die ab dem 8. März keinen Schleier tragen, würden umgebracht. Auf dieses Ultimatum antworteten zehntausende Algerierinnen mit einer Demonstration: Am 22. März zogen sie durch die Straßen von Algier – die meisten von ihnen mit offenem Haar und unbedecktem Gesicht. In der Menge waren allerdings auch ältere Frauen, die ein Kopftuch oder einen Schleier trugen: Das Stück Stoff gehört für sie zu ihrer traditionellen Kleidung, sie protestierten gegen den Schleierzwang. Eine bunte Mischung der Moden prägt das Stadtbild von Algier bis heute: Kopftuch und Kostüm, Jeans oder Djellaba.

Der Haß der Islamisten hat die Frauen von Anfang an besonders hart getroffen. Eine Vielzahl von Verhaltensregeln sollte sie zu einem Lebenswandel zwingen, der nach Lesart der radikalen Islamisten vermeintlich der islamischen Moral entspricht. Nach Angaben algerischer Frauenrechtlerinnen wurden über 700 Frauen und Mädchen nur deshalb umgebracht, weil sie sich diesen Vorschriften widersetzt hatten: weil sie geschieden waren oder in die Schule gingen, weil sie »westlich« gekleidet waren oder ihre Arbeitsstelle nicht aufgeben wollten.

Andere wurden ermordet, weil sie die Mütter, Ehefrauen oder Töchter von Militärs und Polizisten waren. Doch auch das Regime vergreift sich an den Frauen, um dadurch die bewaffneten Untergrundkämpfer zu treffen. Hunderte Mädchen und Mütter wurden von bewaffneten Gruppen entführt, vergewaltigt und verstümmelt, weil sie die sogenannte »Lustehe« (zauedj el-mutaa) verweigerten, die ihnen Mitglieder der Untergrundgruppe aufzwingen wollten.

Gemeint ist ein Vertrag von unbestimmter Dauer (aber selten länger als ein paar Monate), der zwischen einem Mann und einer Frau geschlossen wird. Der Brauch, im schiitischen Islam bekannt, wird von dem in Algerien ganz überwiegend praktizierten sunnitischen Islam nicht anerkannt und widerspricht den traditionellen Bräuchen, wonach eine eheliche Verbindung nicht zwischen Individuen, sondern zwischen den Familien verabredet wird. Die sogenannte »Lustehe« gibt den Massenvergewaltigungen islamistischer Untergrundkämpfer den Anstrich von religiöser Legitimität. Nach Angaben algerischer Journalistinnen wurden bereits hunderte Frauen vor allem aus abgelegenen Dörfern entführt, zum Teil über Monate unter lagerähnlichen Zuständen festgehalten und mehrmals täglich von verschiedenen Männern vergewaltigt. Falls sie die »Lustehe« verweigern, werden die Frauen umgebracht und grausam verstümmelt; die Köpfe einiger Toten wurden zur »Warnung« in die Dörfer gebracht und vor Schulen auf Stöcke gespießt. Eine algerische Frauenrechtlerin berichtete im Februar 1995 in der »tageszeitung«, daß sie Mitglieder der FIS erstmals im Juni 1991 von der »Lustehe« habe reden hören: Dieser »Brauch« sollte danach für die Dauer eines zweitägigen Streiks in Algier gelten.

Im Alltag leiden die Algerierinnen allerdings nicht nur unter dem Terror der Untergrundgruppen, sondern – vor allem auf dem Land – unter den Traditionen einer patriarchalen Gesellschaft und unter einer Gesetzeslage, die sie nach wie vor diskriminiert.

Nach dem algerischen Familiengesetz von 1984 ist die Frau dem Mann zu Gehorsam verpflichtet. Die Polygamie ist erlaubt, der Mann darf seine Frau verstoßen, und nach einer Scheidung hat er das Recht auf die eheliche Wohnung, während die Frau nur Anspruch auf eine eventuell vorhandene Zweitwohnung hat.

Berufstätige Frauen sind noch immer die Ausnahme, obwohl sich die intellektuelle Elite der Algerierinnen in den vergangenen Jahrzehnten eine gewisse soziale, politische und wirtschaftliche Stellung erkämpft hat. Jeder zweite Arzt ist weiblich, jeder vierte Richter eine Frau, und in den Schulen unterrichten vor allem Lehrerinnen. Doch insgesamt wird ihr Anteil an den Erwerbstätigen auf nur vier bis zehn Prozent geschätzt. Im Bildungswesen sind die

Frauen noch immer benachteiligt: Fast 60 Prozent der Algerierinnen können weder lesen noch schreiben, während nur ein Drittel der Männer Analphabeten sind.

Das Gefälle zwischen Stadt und Land, zwischen der feministischen Avantgarde und der »einfachen« Bevölkerung ist groß. Doch gemeinsam ist den Algerierinnen in der derzeitigen Situation eine Art »aktiver Fatalismus«: Sie wollen nicht sterben, aber sie nehmen den Tod billigend in Kauf, um ihr Leben möglichst in gewohnter Weise weiterführen zu können.

Fatima Sekretärin

Fatima treffe ich in einem Friseursalon in einem Stadtviertel von Algier, das »Golf« heißt und allgemein die »Schweiz von Algier« genannt wird. Soll heißen: Die Gegend blieb bislang von Anschlägen verschont. Fatima hat sich in eine Ecke im hinteren Raum des Salons zurückgezogen, in dem die Kundinnen kosmetisch behandelt werden. Die 26jährige Sekretärin nutzt ihre Mittagspause, um eine Freundin zu besuchen, die hier arbeitet. Die beiden Frauen haben sich seit Monaten nicht gesehen, denn Fatima hat kaum Zeit: Neben der Arbeit besucht sie eine Abendschule, um sich zur Informatikerin weiterzubilden. Außerdem hilft sie ihrer Mutter in dem Zehn-Personen-Haushalt.

Als ich noch ein Mädchen war, hatte ich einen Traum: Ich wollte studieren. Ich wollte Ingenieurin werden oder Informatikerin. Als Schülerin hatte ich Lust zu lernen, immer mehr zu lernen. Ich habe geglaubt, daß das alles ganz einfach sei: Studieren, einen guten Job bekommen, einen Mann heiraten, den man liebt, ein Haus zu haben. Aber dann habe ich das Abitur nicht bestanden, und ich war tief enttäuscht, denn bei uns sagt man: Das Abitur ist der Schlüssel für die Zukunft. Trotzdem habe ich mir gesagt: Ich kann etwas anderes machen. Damals war ich ganz anders als heute, ich habe das Leben geliebt. Ich habe mir immer gesagt: Alles hat seine Zeit, für alles gibt es das richtige Alter, und es ist wichtig, jedes Alter auszukosten. Aber das war früher, vor dem Terrorismus.

Der Terrorismus macht mir Angst. Ich habe Angst vor der Zukunft. Da ist immer diese Anspannung, diese Unruhe. Wenn ich höre, daß es wieder irgendwo ein Attentat gegeben hat, daß irgendwo eine Bombe detoniert ist – für mich hört das Leben dann jedesmal auf. Ich kann einfach nicht daran vorbeisehen. Wenn ich an die Zahl der Toten denke, dann habe ich keine Lust mehr zu leben. Wir sind alle bedroht: Erwachsene und Kinder, Frauen und Männer – das ganze algerische Volk ist bedroht. Es ist immer so: Das Volk zahlt den Preis für die Fehler der Herrschenden. Wir zahlen alle.

Am Anfang sind wir kaum noch aus dem Haus gegangen. Das vermeiden wir noch immer so weit wie möglich, und wir reden so wenig wie möglich, denn man weiß nie, wen man vor sich hat. Aber letztlich macht es keinen großen Unterschied: Es gab Menschen, die vor Angst nicht mehr aus dem Haus gegangen sind und in ihrer eigenen Wohnung ermordet wurden. Es kann immer sein, daß ein Querschläger durchs Fenster kommt oder daß eine Bombe vor dem Haus detoniert. Es läuft auf dasselbe raus, also leben wir normal weiter. Nein, wir leben nicht: Wir überleben. Wir versuchen, zu überleben. Wenn ich höre, daß eine Freundin oder ein Freund ermordet worden ist, dann kann ich nicht mehr leben, dann kann ich nur noch überleben. Leben, das heißt für mich: Mich innerlich frei zu fühlen. Leben heißt lieben, nicht dieser Krieg.

Ich habe zu viele Alpträume; nachts habe ich immer Angst. Ich spreche nicht über diese Träume, denn sie wiederholen sich so oft, daß es sich nicht lohnt, über jeden zu sprechen. Ich behalte das für mich. Wenn ich von einem Attentat höre, arbeitet das in mir, selbst wenn ich keinen von denen kenne, die dabei getötet worden sind. Das hat mich zu dem gemacht, was ich jetzt bin. Ich bin ängstlich geworden. Wenn ich Sie zum Beispiel ansehe – Sie machen mir Angst, denn ich kenne Sie nicht. Ich weiß, daß Sie das nicht wollen, aber ich kann nichts dagegen tun. Es ist im Herz, im Kopf, da hat sich das alles festgesetzt.

Es ist schwieriger geworden, Freundschaften zu schließen. Bei den Freunden, die wir schon seit langem kennen, ist es kein Problem. Aber neue Freundschaften zu schließen – du weißt nie, wen du vor dir hast. Ich will keine neue Freundschaften mehr.

Ich hätte Lust, im Ausland zu leben, aber ich weiß, daß das für mich auch keine Lösung wäre, denn ich werde immer mit diesem Land verbunden bleiben. Alles, was mir wichtig ist, ist hier in Algerien. Und die, die ins Exil gegangen sind, sind damit auch nicht glücklich: Sie hören die Nachrichten über Algerien, sie hören von Attentaten und Bomben, und dann sind sie vielleicht noch unruhiger als wir hier. Trotzdem würde ich gerne weggehen, um mein Leben zu ändern, und das nicht nur wegen des Terrorismus und der Morde: Ich will etwas sehen, ich will etwas erfahren, ich will reisen. Ich suche das Abenteur.

Ich suche nach einem Sinn im Leben. Was bleibt, wenn wir sterben? Manchmal widert mich alles an, ich habe zu nichts mehr Lust, noch nicht einmal zum Essen. Zu gar nichts. Nur wenn ich unterwegs bin, fühle ich mich gut. Ich würde gerne eine Weltreise machen, warum nicht, das ist mein Traum. Um zu vergessen und um mich wiederzufinden, um wieder einen klaren Gedanken fassen zu können, denn manchmal verstehe ich mich selbst nicht mehr. Ich versuche, mich zu verstehen, aber ich schaffe es nicht. Ich habe einen schwierigen Charakter – was heißt schwierig, ich komme mit dieser Situation nicht klar, mit dieser Zeit. Denn das betrifft nicht nur Algerien, in der Welt ist es nicht viel anders. Ich suche den Sinn für dieses Leben. Es bleibt ein riesiges Fragezeichen.

Ich hoffe, daß sich die Lage in Algerien stabilisiert – nicht um unseretwillen, denn wir werden diese Traumata immer in uns behalten. Ich wünsche mir das für die, die nach uns kommen, für die Kinder. Ich bin von diesem Leben enttäuscht. Als ich jung war, hatte ich viele Träume. Aber jetzt versuchen wir nur noch zu überleben, das ist alles.

Selia Abteilungsleiterin in einem Staatsunternehmen

Auch Selia treffe ich in einem Friseursalon: in ein dezent grünes Kostüm gekleidet, leicht geschminkt und mit ihrer fünfjährigen Tochter an der Hand. Zu Hause hat die 39jährige noch zwei weitere Kinder – die Doppelbelastung durch Haushalt und Beruf ist für sie seit Jahren eine Selbstverständlichkeit.

Ich bin Algerierin, algerische Bürgerin. Ich habe eine gehobene Position in einem Staatsunterunternehmen, ich bin Abteilungsleiterin. Das müßte an Informationen reichen, denn ein bißchen Anonymität sollte gewahrt bleiben – wir leben in einer etwas schwierigen Zeit. Aber wir versuchen trotzdem, so gut wie möglich zu leben, unsere Pflicht als Bürger zu erfüllen und unsere Arbeit zu tun. Es ist schwieriger geworden, zur Arbeit zu gehen, und manchmal ändern wir die Art und Weise, wie wir uns anziehen – vor allem in bestimmten Gegenden von Algier, nicht in allen. Hier im Zentrum ist das Leben ein bißchen – ich sage: ein bißchen – einfacher als in den Vororten. Dort ist es sehr hart.

Bis vor kurzem habe ich noch nicht hier im Golf-Viertel gewohnt, sondern in einem Vorort von Algier. Ich bin mit meiner Familie vor etwa zehn Monaten umgezogen, denn die Sicherheitslage hatte sich verschärft. Es gab diese Gerüchte, daß wir den Schleier tragen müssen und keine kurzen Röcke mehr tragen dürfen, deshalb hatten wir Angst. Bei meiner Position in einem staatlichen Unternehmen muß ich repräsentativ angezogen sein, ich kann nicht in einem langen Rock kommen, denn wir leben in Algerien à la européenne. Als ich noch nicht hier im Zentrum gewohnt habe, habe ich zum Beispiel im Winter einen sehr langen Mantel angezogen, um die kurzen Röcke zu verstecken, und im Sommer habe ich etwas längere Röcke angezogen, das war alles. Es ist nicht immer einfach, aber wir wurschteln uns durch.

Ich habe drei Kinder, die jüngste Tochter ist gerade geboren. Wir haben Angst um unsere Kinder, vor allem um die Mädchen, denn viele werden von den Terroristen entführt. Außerdem sorgen wir uns um ihre Zukunft, weil der Schulunterricht so schlecht ist. Die

Schule ist die Grundlage der Erziehung, und dort werden nicht mehr unsere Werte vermittelt, denn die Werte haben sich in den vergangen Jahren verändert. Wir versuchen, das zu Hause ein bißchen ausgleichen.

Früher, vor zehn oder fünfzehn Jahren, konnte man ins Kino gehen oder in Cafés und in Restaurants und bis tief in die Nacht bleiben. Das ist etwas, was ich seit acht Jahren nicht mehr gemacht habe. Seit acht Jahren habe ich keinen Fuß mehr ins Theater gesetzt. Das lag teilweise daran, daß ich in einem Vorort gewohnt habe und abends schlecht in die Stadt kam, und zum Teil natürlich auch daran, daß ich nach meiner Heirat weniger ausgegangen bin – aber das war es nicht allein: Ich bin in einem Milieu groß geworden, das sich für Kultur interessiert, und diese Interessen gibt man nicht so leicht auf. Aber die kulturelle Szene ist nicht mehr so bedeutend wie früher, einige Kulturzentren und Theater sind geschlossen worden. Es gibt nicht mehr viel, wofür sich der Aufwand lohnt. Denn jetzt habe ich Angst. Es gibt immer wieder Momente, in denen man die Angst überwindet, aber dann hört man von einem Attentat, und die Angst ist wieder da. Dann vergißt man für eine Zeit, und dann wiederholt sich alles: ein Attentat, die Angst, das Vergessen, ein Attentat ...

Am Anfang, als das mit den Attentaten anfing, waren wir voller Panik, das ist ganz natürlich und legitim. Wir haben uns damals nie weit vom Haus entfernt und nur noch in den Läden in der Nachbarschaft eingekauft. Wir haben gehofft, das hört bald auf, aber es hat nicht aufgehört. Sollten wir jetzt aufhören zu leben? Das kann man nicht, und deshalb machen wir weiter, wir leben so wie früher. Wir haben genug davon, Angst zu haben. Wir wehren uns dagegen, daß man uns einen Lebensstil aufzwingt, der nicht der unsrige ist. Ich gehe zum Beispiel ein Mal im Monat zur Kosmetikerin und lasse mir die Beine enthaaren. Ich bin nicht die einzige: Es gibt viele Frauen, die weiterleben wie bisher. Für uns ist das eine Form des Widerstands. Ich gehe jetzt auch wieder weiter weg und zum Einkaufen in die Souks, obwohl mein Mann mir jedesmal sagt, daß ich dort nicht hingehen soll, weil die Gassen in den Souks sehr unübersichtlich sind und dort deshalb viele Attentate verübt werden. Mir ist das jetzt egal. Trotzdem sind wir natürlich vorsichtiger geworden, wenn wir aus dem Haus gehen.

Das schwierigste ist tatsächlich die Situation bei der Arbeit, vor allem wenn man so wie ich eine gehobene Position hat. Wir haben Angst, weil wir nicht mehr wissen, mit wem wir zusammenarbeiten. Selbst von den Kollegen, mit denen wir schon seit Jahren zusammenarbeiten, wissen wir nicht mehr, auf welcher Seite sie stehen. Auf unserer oder auf der Seite der Terroristen?

Aber der Terror ist nicht das einzige, was uns das Leben schwer macht. Die soziale Krise ist nicht zu übersehen, dafür muß man sich nur die Zahl der Bettler hier in Algier anschauen. Es zerreißt mir jedesmal das Herz, wenn ich Familien mit ihren Kindern auf der Straße sehe. Das ist hart. Auch für uns ist es schwierig geworden, obwohl wir beide arbeiten, mein Mann und ich. Im Vergleich zu anderen haben wir beide ein ganz gutes Gehalt, aber wir haben trotzdem finanzielle Probleme. Im Moment haben wir keine Wohnung. Wir haben in einem Vorort gewohnt, aber da konnten wir wegen der Sicherheitslage nicht mehr bleiben, also sind wir zu meinen Schwiegereltern ins Zentrum gezogen. Ich teile ein Zimmer mit meinem Mann und dem Neugeborenen, die beiden älteren Mädchen schlafen bei ihrer Tante. In der Wohnung leben auch noch meine drei Schwägerinnen, aber das ist noch wenig im Vergleich zu anderen Familien, und glücklicherweise sind meine Schwiegereltern sehr nett. Wir werden bei ihnen bleiben, bis wir etwas gefunden haben, was wir bezahlen können und was in einem Viertel liegt, das sicher ist. Aber in solchen Gegenden sind Wohnungen sehr teuer.

Wir bleiben häufiger zu Hause als früher, wir treffen uns mit Freunden, und wir machen sogar kleine kulturelle Veranstaltungen. Wir sprechen über Bücher, die wir gelesen haben – es gibt zur Zeit viele junge algerische Autoren, über die wir dann diskutieren. Aber vor allem interessiert uns die Musik: Wir hören europäische Klassik, moderne Musik, algerische Musik, und das alles manchmal an einem einzigen Abend. Das ist einfach wunderbar. Wir versuchen, die Situation ein bißchen zu vergessen. Es ist wahr, daß wir am Anfang alle daran gedacht haben, das Land zu verlassen, aber uns verbindet so viel mit Algerien und wir haben so glückliche Momente in diesem Land verlebt, daß wir bleiben wollen und der Angst widerstehen.

Nadja Aktmodell

Die Hochschule der Künste von Algier liegt hoch über dem Meer. Von der Terrasse aus fällt der Blick über die »weiße Stadt« hinab bis auf die sanft geschwungene Bucht von Algier. Auf dieser Terrasse wurden der Direktor der Hochschule, Ahmed Asselah, und sein Sohn Rabbah am 5. März 1994 ermordet. Nadja, Aktmodell und an der Hochschule Beauftragte für Ordnung und Sicherheit, wurde Zeugin des Attentats. Die 47jährige ist von einer fahrigen Wärme: Freundlich, aber voller Unruhe und deshalb immer wieder von ihrem Gegenüber abgelenkt.

Ich erinnere mich gut an den Tag, an dem Ahmed Asselah ermordet wurde. Das war der 5. März 1994. Ich bin um halb neun hier angekommen, und Asselah sollte um neun Uhr zwanzig kommen. Seit etwa zehn Jahren arbeite ich an der Kunsthochschule als Aktmodell und als Beauftragte für Ordnung und Sicherheit. Ich kontrolliere die Schüler, bevor sie in die Klassen gehen, und das habe ich auch an diesem Morgen getan. Ich habe zwei Schüler gesehen, Jungen von achtzehn oder neunzehn Jahren, die Gasthörer waren – jedenfalls haben sie gesagt, daß sie Gasthörer seien, und das heißt, daß sie nicht eingeschrieben sind, sondern nur kommen, um zeichnen zu lernen. Weil sie nicht eingeschrieben waren, durfte ich sie nicht einfach in die Klasse lassen, aber Monsieur Asselah hatte immer viel Vertrauen zu den Leuten und er hat sie aufgenommen. Die beiden waren schon seit einer Woche da. Sie sind in dieser Zeit jeden Tag gekommen und haben überprüft, wann Monsieur Asselah kommt und geht.

An diesem Tag kam Monsieur Asselah um neun Uhr zwanzig an, und die beiden jungen Leute haben ihn gerufen. Sie haben einfach gesagt: »Monsieur Asselah!« Er hat sich umgedreht, und sie haben auf ihn geschossen. Sie haben ihm eine Kugel in den Hals geschossen und eine zweite in die Stirn. Als ihn die zweite Kugel getroffen hat, sind seine Augen aus den Höhlen getreten. Ich habe angefangen zu schreien, ich habe nur noch geschrien, die Leute sind gekommen, und ich wurde für eine Woche ins Krankenhaus gebracht.

Ich war nicht verletzt, aber ich hatte Angst. Große Angst. Ich hatte immer diese Bilder von den beiden Jugendlichen vor Augen, von Monsieur Asselah und von seinem Sohn. Ich hatte Alpträume. Ich bin aus dem Krankenhaus entlassen worden und habe wieder angefangen zu arbeiten. Aber ich bin ein Jahr lang nicht durch den Flur gegangen, in dem sie ihn getötet haben. Ein Jahr lang. Meine eine Hand ist seitdem gelähmt. Das kommt von dem Schock, den ich hatte, als die Schüsse fielen. Ich habe geschrien, und als ich am nächsten Morgen meine Haare gesehen habe, habe ich gesehen, daß sie weiß waren wie Schnee. Seitdem färbe ich meine Haare, aber ich könnte Ihnen Photos zeigen, auf denen Sie sehen können, wie weiß meine Haare sind. Ich bin krank, bis jetzt. Weil sie wissen, daß ich sie gesehen habe und daß ich sie wiedererkennen würde, habe ich große Angst, daß ich eines Tages an der Reihe sein werde. Trotzdem bin ich wieder in die Hochschule gegangen, weil ich nicht die einzige bin, die unter solchen Umständen lebt – so viele Intellektuelle sind schon getötet worden. Außerdem habe ich eine Verantwortung, ich muß arbeiten gehen und kann nicht einfach zu Hause bleiben. Ich habe keinen Ehemann und bin in meiner Familie die einzige, die Geld verdient. Ich sorge für meine Mutter und meine Schwester, deren Mann ermordet wurde und die jetzt mit sieben kleinen Kindern alleine ist. Ich lebe nur noch für meine Schwester und ihre Kinder. Ich selbst habe zwei Töchter, die studieren, die eine in Montpellier, die andere in den Vereinigten Staaten. Sie haben das Land 1991 verlassen, nach den ersten Demonstrationen der FIS. Die wollte alle jungen Frauen zwingen, den Hidjab anzuziehen, aber ich habe nicht akzeptiert, daß meine Töchter einen Schleier tragen müssen und habe sie deshalb zu Freunden ins Ausland geschickt.

Ich bin von acht bis fünfzehn Uhr in der Hochschule, dann gehe ich nach Hause. Ein Jahr lang habe ich nicht zu Hause geschlafen, doch jetzt gehe ich meistens wieder in meine Wohnung. Aber ich nehme jeden Tag einen anderen Weg. Ich habe Angst auf der Straße. Ich habe große Angst vor Leuten, die hinter meinem Rücken sind – ich denke immer: Der ist es. Ich habe Angst, daß jemand im Flur auf mich wartet, deshalb bitte ich immer einen Nachbarn, daß er mich die Treppe hoch zu meiner Wohnung begleitet. Ich habe Angst, daß sie mich auf der Treppe erwarten. Sie können irgendwo auf dich warten, um dich umzubringen. Ich wünsche mir von diesen Leuten nur dies: daß sie mir nicht die Kehle durchschneiden, denn dann werfen sie den Kopf an eine Stelle und den Körper an eine andere. Sie sollen mich erschießen, wenn sie mich töten wollen, das ist besser.

Ich bin Nacktmodell für die Maler, die Bildhauer und auch für die Modemacher – ich war früher Mannequin. Die Kunst bedeutet mir alles, sie ist mein Leben, und sie kann überleben helfen. Ich werde meinen Beruf nicht aufgeben und mir die Kunst nicht nehmen lassen. Wenn die Terroristen sagen: »Wir werden dich deshalb töten«, dann nehme ich das hin.

Wenn ich über Satellit Fernsehbilder aus Europa empfange, aus Deutschland zum Beispiel, wenn ich sehe, wie die Frauen in Kulturzentren gehen, wenn ich sehe, wie die Frauen in Ruhe altern können, dann macht mich das traurig. Die Algerierinnen verwelken und sterben vor der Zeit. Mein Gott, was verlangen wir? Wir verlangen nichts anderes, als zu leben und in Würde zu altern. Wir verlangen nur den Frieden, das ist alles. Wissen Sie, wir Algerier wollen nicht emigrieren, wir wollen unser Land nicht verlassen. Ich will in meiner Heimat sterben, so wie meine Eltern in ihrer Heimat gestorben sind. Wie mein Vater, der im Unabhängigkeitskrieg gegen die Franzosen gekämpft hat.

Die Algerier sterben für die Demokratie – das ist die wahre Liebe zur Demokratie. Auch die Deutschen oder die Franzosen haben einen hohen Blutzoll gezahlt, ehe sie demokratische Verhältnisse hatten. Wir werden eines Tages auch eine Demokratie haben. Ich lebe mit dieser Hoffnung. Ich sage mir immer: Vielleicht wird es morgen besser. Vielleicht wird es sogar schon heute besser. Alle warten. So leben wir.

Nedjoua Schülerin

Die Region um Blida ist etwa eine Autostunde von Algier entfernt. Die Straße führt durch Dörfer, Wiesen und Obstplantagen; in der Ferne zeichnet sich die Bergkette Chréa ab, früher ein Wochenendziel für Ausflügler aus Algier. Jetzt patrouillieren Militärhubschrauber über den Schluchten und Gipfeln des schwer zugänglichen Bergmassivs. Algerier nennen die Gegend zwischen Algier, Blida und Medea das »Dreieck des Todes«, denn die Region gilt als Hochburg der bewaffneten Fundamentalisten. Sie richten ihren Terror gegen das Militär in der Garnisonsstadt Blida, aber auch immer wieder gegen die Bevölkerung in den Dörfern. Im Frühjahr 1995 haben sich hier die ersten Männer als sogenannte »Patrioten« zu einer Miliz zusammengetan. In einem dieser Dörfer wohnt Nedjoua. Nur die leichte Pubertätsakne verrät ihre Jugend: die 15jährige wirkt wie 25. Auf den Zuruf eines »Patrioten«[1] öffnet sich die schwere Stahltür zum Innenhof ihres Hauses.

Es war neun Uhr abends, kurz vor dem Ende des Ramadan im vergangenen Jahr. Wir waren mit sieben Leuten zu Hause; wir haben drei Zimmer und den Hof. Sie sind gekommen, haben sich als Gendarme ausgegeben und ans Tor geklopft. Wir wollten ihnen nicht aufmachen, und deshalb haben sie immer lauter geklopft. Dann sind sie über die Mauer gestiegen. Meine Mutter, sie war fünfzig Jahre alt, ist ihnen entgegengegangen. Sie kannte einen der Terroristen, er war unser Nachbar und heißt Belhoud, Djamel. Er hat seine Kalaschnikow genommen und hat meiner Mutter damit auf die Schulter geschlagen. Dann haben sie meine Mutter gefragt, wo mein Vater ist. Er war krank, er lag im Bett, aber sie hat gesagt: »Er ist nicht da.« Mein Vater hatte allerdings den Lärm gehört und ist deshalb aus seinem Zimmer gekommen. Sie haben sofort auf ihn

---

1 »Patrioten« nennen sich die bewaffneten Bürgerwehren. Weil die Regierung 1994 die Kontrolle über weite Teile vor allem des ländlichen Algerien verloren hatte, ließ sie die Bildung solcher Selbstverteidigungsgruppen in den Dörfern zu und verteilte ab Frühjahr 1995 auf Anfrage und unter bestimmten Bedingungen Waffen an diese Gruppen. Die Menschenrechtsorganisation amnesty international wirft den Milizen »vorsätzliche und willkürliche Morde« vor.

geschossen, ohne ihn vorher irgendetwas zu fragen. Dann haben sie meine Mutter erschossen. Sie hatten die beiden im Hof ermordet und sind dann zu uns ins Haus gekommen. Sie haben meinen kleinen Bruder gesehen, sind auf ihn zugegangen und haben gesagt: »Er wird uns wiedererkennen«, denn die Terroristen waren aus dem Dorf und jeder kennt sie. Einer hat gesagt: »Wir können ihn nicht am Leben lassen, mach ihn nieder.« Sie haben zwei mal geschossen: ins Herz und in den Bauch. Mein Bruder war zwölf Jahre alt. Danach haben sie sich zu mir umgedreht und haben gesagt: »Du wirst für das bezahlen, was deine Brüder tun«, denn drei von meinen Brüdern sind bei den Patrioten. Die Terroristen haben zu mir gesagt: »Steh auf!« Vor lauter Angst konnte ich nicht aufstehen und habe vor Panik geschrien. Sie haben mich geschlagen, und schließlich bin ich doch aufgestanden. Sie haben mir die Kehle zugehalten und mich mit dem Hals gegen die Wand gedrückt. Sie haben gefragt: »Wer gehört hier zu den Patrioten?« Ich habe gesagt: »Ich weiß es nicht. Ich weiß nicht, wer aus der Familie zu den Patrioten gehört.« Sie haben gefragt: »Aber deine Brüder sind doch Patrioten?« Ich habe gesagt: »Nur einer«, obwohl es drei sind. Sie haben mir ein Messer vor den Bauch gehalten und haben gesagt: »Entweder du redest, oder wir bringen dich um.« Plötzlich haben sie von mir abgelassen, ich weiß nicht, warum. Danach bin ich mit meiner Schwester auf den Hof gegangen; sie ist ein Jahr älter als ich. Da haben wir einen unserer Brüder gesehen, der sich unter einer Decke versteckt hatte, und sie haben ihn nicht bemerkt. Danach sind die Männer zu meiner Schwägerin gegangen. Sie haben dort niemanden angetroffen, deshalb haben alles in dem Haus in Trümmer geschlagen.

Woher ich die Kraft habe, weiterzuleben? Man muß diesen Mut haben, wir können ihnen nicht unser Land überlassen. Dieses Land gehört uns allen, wir müssen es gegen sie verteidigen. Wir müssen die Terroristen da stoppen, wo wir sie finden. Es gibt im Dorf zum Beispiel die Frau eines Fundamentalisten, und zwar desjenigen, der mich immer terrorisiert hat. Er hat mir viele Sachen verboten, zum Beispiel, daß ich in die Schule gehe. Er hatte hier schon einige Menschen umgebracht, und eines Tages hat er mich auf der Straße angehalten, hat mit seinem Gewehr auf meinen Kopf gezielt und hat gesagt: »Wenn ich noch einmal sehe, daß du zur Schule gehst, werde ich dich töten.« Seine Frau ist stolz auf ihren Mann, sie macht sich über uns lustig, sie behandelt uns wie Hunde. Einmal hat sie sich aus dem Fenster gelehnt und gesagt: »Habt ihr keine Angst vor mir, weil ich die Frau eines Terroristen bin?« Ich war mit meiner Schwägerin unterwegs, wir haben gesagt: »Anfangs hatten wir Angst vor deinem Mann, aber jetzt haben wir vor niemandem mehr Angst, jetzt haben wir die Patrioten, die uns beschützen.«

Sira Schülerin

Sira lebt in einem Neubau in einem der Dörfer rund um Blida. Auch ihr Hoftor öffnet sich erst nach dem Zuruf durch einen der »Patrioten«. Die beiden Zimmer des Hauses sind fast leer: In einem befinden sich ein Spülbecken und ein Kassettenradio, in dem anderen steht ein niedriger Tisch, auf dem Boden liegen Matratzen. Die 16jährige Sira erzählt ihre Geschichte äußerlich völlig unbewegt.

Vor drei Jahren sind sie gegen sieben Uhr abends gekommen, sie waren zu siebt oder zu acht. Ich war mit meiner Mutter und meinen Geschwistern zu Hause. Sie haben zu meiner Mutter gesagt: »Gib uns deine Tochter!« Meine Mutter hat gesagt: »Wie kann ich euch meine Tochter geben, sie ist erst dreizehn Jahre alt!« Die Männer haben geantwortet: »Wenn du sie den anderen geben kannst, kannst du sie auch uns geben«, denn ich war damals verlobt. »Du gibst sie uns, oder wir bringen dich um.« Sie haben mich also mitgenommen, und einer hat mich zu sich nach Hause gebracht. Ich hatte damals schon davon gehört, daß sie Mädchen holen, um sie zu vergewaltigen, aber ich wußte nicht warum.

Ich weiß nicht, warum sie gerade mich geholt haben. Sie haben mich in ein Haus hier in der Nähe gebracht. Einer stand vor dem Haus Wache, der andere hat mich eintreten lassen. Er hat mir ein Messer an die Nieren gehalten und hat gesagt: »Zieh dich aus!« Ich wollte nicht, ich hatte Angst. Ich habe angefangen zu weinen. Er hat gesagt: »Ob du heulst oder nicht, es hilft dir nichts, du mußt dich ausziehen.« Ich habe mich geweigert, deshalb hat er mir mit der Spitze seines Messers die Kleider aufgeschlitzt. Und er hat mich vergewaltigt. Ich habe zuerst gar nichts gefühlt. Er ist dann eingeschlafen, aber ich konnte nicht schlafen. Ich hatte Angst, daß ich bei ihm bleiben müßte. Daß ich nicht wieder nach Hause könnte. Gegen vier Uhr morgens ist jemand gekommen und hat ihn gerufen. Als er gesagt hat: »Ich bringe dich nach Hause«, habe ich gefühlt, daß ich wieder anfange zu leben. Er hat mich mit raus genommen und auf der Straße ausgesetzt. Ich hatte Angst, zu meiner Familie zurückzugehen. Als ich zu Hause war, hatte ich Angst, mich im Kreis meiner Familie hinzusetzen, denn ich fühlte mich entehrt. Ich habe nicht gewagt, ihnen in die Augen zu sehen. Aber sie haben mich getröstet und ermutigt. Sie haben sich so verhalten, als ob nichts passiert wäre.

Aber er ist wiedergekommen und hat wieder zu meiner Mutter gesagt: »Gib mir deine Tochter.« Sie hat gesagt: »Nein, diesmal nehmt ihr sie nicht mit.« Er hat ihr ein Messer an die Niere gesetzt und hat gesagt: »Gib sie, oder wir werden dich töten!« Also mußte ich wieder mit. Ich wollte nicht mitgehen, ich habe mich gewehrt, aber ich mußte, sonst hätte er mich getötet. Er hat mich in dassselbe Haus gebracht. Als ich mich gewehrt habe, hat er gesagt: »Ich bin jetzt dein Ehemann, also stell dich nicht an.« Diesmal hat er mich drei Tage lang bei sich behalten. Dann hat er mich auf der Straße ausgesetzt, und ich bin alleine nach Hause gegangen.

Sie sind noch einmal wiedergekommen, das war am zweiten Tag des Ramadan im vergangenen Jahr. Sie haben an das Tor geklopft und haben gerufen: »Mach auf! Dann können wir besser reden.« Meine Mutter hat gesagt: »Nein, ich mache nicht auf, ich habe Töchter.« Sie haben noch einmal gerufen: »Mach auf! Du brauchst keine Angst zu haben, wir werden dir nichts tun.« Sie wollte noch immer nicht aufmachen, aber sie sind trotzdem reingekommen, und sie haben gesagt: »Komm mit!« Sie hat gesagt: »Nein, ich komme nicht mit, ich kann meine Töchter und meinen Sohn nicht alleine lassen.« Sie haben gesagt: »Du kommst mit, oder wir töten dich.« Sie hat geantwortet: »Gut, aber ich nehme meinen Sohn mit.« Sie haben gesagt: »Es ist überflüssig, daß du deinen Sohn mitnimmst, wir wollen nicht deinen Sohn, wir wollen dich.« Sie war 39 Jahre alt. Sie haben darauf bestanden, daß sie mitkommt, aber sie hat sich gewehrt und hat gesagt: »Ich kann meine Kinder nicht alleine lassen.« Da hat einer sie gezwungen und ins Auto gezerrt. Am nächsten Morgen haben wir erfahren, daß sie tot ist. Gendarme haben sie auf der Straße gefunden. Sie hatten sie geschlagen, sie hatte am ganzen Körper blaue Flecken. Danach haben sie sie erwürgt. Nachdem die Gendarme die Leiche meiner Mutter auf der Straße gefunden hatten, haben sie sie in das Krankenhaus von Blida gebracht. Sie sind zu meinem Onkel gegangen und haben gesagt: »Wir haben eine Tote gefunden, wir glauben, es ist Ihre Schwester.« Mein Onkel ist ins Krankenhaus gefahren und hat sie gesehen. Es war unsere Mutter. Dann hat er uns die Nachricht überbracht.

Ich sehe sie noch oft vor mir, wie sie geschrieen hat: »Ich kann meine Kinder nicht alleine lassen!« Ich denke oft an sie.

Mein Vater ist vor einem Jahr an einem Nierenleiden gestorben, aber ich habe noch einen Bruder und vier Schwestern. Vor knapp zwanzig Tage habe ich geheiratet – nicht meinen damaligen Verlobten, sondern einen anderen. Ich habe damals die Verlobung gelöst, weil ich sicher war, daß er mich nicht mehr gewollt hätte, wenn er erfahren hätte, was passiert ist. Meine Mutter hat damals einfach zu ihm gesagt: »Meine Tochter hat ihre Meinung geändert, sie will nicht mehr heiraten.« Mein jetziger Mann weiß Bescheid. Wir kommen gut miteinander aus. Er ist dreißig Jahre alt.

Ich glaube nicht, daß ich je vergessen kann. Wenn ich alleine bin, kommt manchmal alles wieder, was der Mann mit mir gemacht hat. Sobald es dunkel wird bekomme ich Panik. Wenn jemand ans Tor klopft zum Beispiel. Dann rufe ich: »Wer ist da?« Wenn ich den Menschen kenne, lebe ich wieder auf. Trotzdem bin ich optimistisch. Ich habe mit meinem Mann ein neues Leben angefangen. Ich werde irgendwann wieder glücklich sein.

Khedidja Chabane Grundschuldirektorin

Khedidja Chabane ist Direktorin der École Fondamentale »El Momadia« in Algier, einer gemischten Schule mit rund 1000 Schülerinnen und Schülern. Die Mehrzahl der Lehrkräfte ist weiblich: 66 von insgesamt 73. Der Schulbetrieb wird aufrechterhalten, obwohl die »Bewaffnete Islamische Gruppe« (GIA) Schülerinnen und Schüler mit dem Tod bedroht und nach Angaben von Frauenassoziationen landesweit über 800 Schulen in Schutt und Asche gelegt hat.

Im vergangenen Jahr hatten wir große Angst, denn die Schulen sind durch die GIA konkret bedroht worden. Als die Schüler nach den Ferien in die Schule zurückkamen, waren diese Drohbriefe an allen Schulen angeschlagen. Darauf stand, was auch schon in den Zeitungen veröffentlicht worden war: Es darf keinen gemischten Unterricht mehr geben, es darf keinen Sportunterricht mehr geben, keinen Musikunterricht, und die Mädchen müssen einen Schleier tragen.

Am ersten Schultag nach den Ferien sind alle Kinder gekommen. Sie waren sehr still, das war charakteristisch für diese Zeit, denn sie hatten Angst und haben sich gefragt, was passieren wird. Eine ehemalige Schülerin von mir hatte diesen Zettel von der GIA gesehen. Sie war wütend darüber, hat ihn abgerissen und ist damit zu mir gekommen. Ich habe gesagt: »Bist du wahnsinnig, wenn dich jemand dabei sieht! Sie haben ihre Leute überall!« Aber sie hat zu mir gesagt: »Madame Chabane, Sie haben sich sehr geändert. Sie waren es doch, die uns früher immer gesagt hat, daß wir nicht ängstlich sein dürfen!«

Ich als Verantwortliche der Schule war natürlich besonders bedroht, und ich hatte anfangs große Angst. Es gab Tage, an denen ich mein Büro vor Angst nicht verlassen konnte, aber dann habe ich mir jeden Morgen gesagt: Da sind 1000 Kinder, die in die Schule kommen. Diese Kinder, für die wir da sind, haben mir als Direktorin dieser Schule Mut gemacht. Ich habe mir gesagt: Ich muß ein Beispiel sein. Wir Lehrer haben uns gesagt: Um der Kinder willen sind wir verpflichtet, keine Angst zu haben. Wir haben die Angst dann alle sehr schnell überwunden. Ich sage immer auch zu meinen Lehrerinnen – wir haben mehr Lehrerinnen als Lehrer: Wir haben kein Recht darauf Angst zu haben, denn die Kinder merken sehr schnell, wenn die Erwachsenen ihr Verhalten ändern – und an dieser Stelle möchte ich dem Personal der Schule meine Hochachtung aussprechen. Seit dem vergangenen Jahr arbeiten sie normal, und sie haben alles dafür getan, daß die Kinder in der Schule die Außenwelt vergessen.

In diesem Jahr sind wir vielleicht weniger bedroht, oder wir haben uns daran gewöhnt – auf jeden Fall haben wir jetzt weniger Angst. Hier in unserem Stadtviertel, im Golf, ist es relativ ruhig, aber mir als Direktorin ist das Risiko ständig bewußt, und die Sicherheitsvorkehrungen müssen eingehalten werden. Am Eingang stehen Sicherheitskräfte, die die Taschen und Ausweise der Besucher kontrollieren. Innerhalb der Schule ist es natürlich schwierig, alles zu überwachen. Deshalb sage ich immer: Wir müssen ständig wachsam sein.

Wir versuchen, so normal wie möglich zu arbeiten. Aber die Kinder sind manchmal unruhiger als sonst, denn natürlich sind sie sich der Situation sehr bewußt. Jeder hat in der Familie jemanden, der Schwierigkeiten hat. Die Kinder müssen Traumata haben, das kann gar nicht anders sein, aber wir versuchen, in der Schule trotzdem weiterzuarbeiten. Vor allem, indem wir hier eine Disziplin aufrecht halten, das hat eine Psychologin mal im Radio geraten. Wir haben versucht, die Schüler zum reden zu bringen, und sie haben dann auch angefangen, zu erzählen. Viele Kinder weinen oft und sie haben kein Vertrauen mehr. Viele haben schlechte Leistungen, weil sie so viel erlebt haben. Wir haben hier in der Schule viele Kinder von Eltern, die aus Sicherheitsgründen aus den Vororten hierher gezogen sind. Jetzt leben sie vielleicht beengt bei Familienmitgliedern, und das schlägt sich natürlich in den Noten nieder. Ich bin keine Psychologin, aber die Traumata müssen tief sein, sehr tief. Trotzdem habe ich noch Hoffnung für die Zukunft, selbst wenn ich diese traumatisierte Jugend sehe, denn meine Generation war durch den Unabhängigkeitskrieg auch traumatisiert. Ich glaube, der Mensch hat viele Kräfte. Ja, ich bin optimistisch. Wir haben immer noch Schüler, die gerne in die Schule gehen, die gerne lernen. Und irgendwie hat jede Kindheit ihre Traumata.

Malika Soukra geschiedene Mutter

In der Ecke auf dem Stuhl sitzt ein alter Plüschbär. Das abgewetzte Stofftier und die Malereien auf den Spinden sind alles, was diesem Zimmer eine persönliche Note gibt. Hier lebt die 27jährige Malika Soukra, seit sie mit ihren beiden kleinen Kindern vor den Mißhandlungen durch ihren Mann in das Frauenhaus der algerischen Hilfsorganisation »SOS – Femmes en Detresse« in Algier geflohen ist.

Ich schlafe mit vier Frauen in einem Zimmer, zusammen mit meinen beiden Kindern. Ich besitze nicht viel: Ein paar Hosen, Röcke und T-Shirts für mich und die Kinder. Ich habe nichts von zu Hause mitgenommen, als ich abgehauen bin, ich habe alles dagelassen, was mich an früher erinnert: Alle Photos, alles, was irgendwie persönlich ist. Keine Erinnerungsstücke, nichts. Ich habe sogar die Babyphotos von meinen Kindern vergessen, ich habe alles vergessen. Aber um ehrlich zu sein: Ich will mich auch gar nicht an die Vergangenheit erinnern. Ich habe drei Jahre lang einen Alptraum erlebt. Ich würde die Erinnerungen gerne in einem Loch vergraben und vergessen.

Ich war drei Jahre lang verheiratet, dann bin ich geschieden worden. Ich habe zwei Kinder: einen fünfjährigen Sohn und eine Tochter von zweieinhalb Jahren. Ich habe sie beide bei mir. Das erste Kind war ein »Sozialfall«, das heißt, es hatte keinen legalen Vater. Ich habe mit meinem Sohn anderthalb Jahre lang auf der Straße gelebt. In dieser Zeit habe ich den Mann kennengelernt, den ich später geheiratet habe. Am Anfang war er sehr nett zu mir, sehr charmant, und er hat wirklich Gutes getan: eine ledige Mutter zu heiraten, die auf der Straße lebt. Aber nach dem zweiten Kind hat er sich völlig verändert. Er hat angefangen, mich zu schlagen, und er hat mich aufgefordert, Dinge zu tun, die Frauen nicht tun sollten –

vor allem nicht hier in Algerien. Er hat mich aufgefordert zu betteln. Auf die Straße zu gehen und die Hand aufzuhalten, um Geld zu beschaffen. Es war jedesmal eine Katastrophe, wenn ich abends nach Hause kam. Wenn ich nicht genug Geld dabei hatte, hat er mich geschlagen. Er dachte, ich hätte zwischendurch aufgehört zu betteln und mich stattdessen mit Männern amüsiert. Aber ich mußte nicht nur das Geld beschaffen, ich mußte mich auch zu Hause um alles kümmern. Ich habe meinen Mann mehrfach aufgefordert zu arbeiten, aber er hatte keine Lust dazu.

Schließlich hatte ich die Schnauze voll. Ich habe die Kinder genommen und bin von zu Hause abgehauen, obwohl ich nicht wußte wohin – von dem Aufnahmezentrum hier hatte ich noch nichts gehört. Ich wollte einfach nur weg. Meine Familie hätte mich mit zwei Kindern nicht aufnehmen können, denn meine Familie ist arm. Meine Mutter hat ein Zimmer und eine Küche, aber da wohnen schon meine Schwester mit ihrem Mann und ihrem Kind, außerdem mein Bruder und meine Schwester – in einem Zimmer und einer Küche! Da war für mich kein Platz mehr. Meine Mutter hat gesagt, sie könne meine Schwester schließlich nicht auf die Straße setzen. Meine Mutter hat ihre Tante gefragt, ob sie mich aufnehmen kann, aber die hat abgelehnt; ich weiß nicht warum. Sie hätte sogar Platz gehabt, sie hat eine Wohnung, die seit sieben Jahren leer steht. Aber sie wollte nicht.

Natürlich war ich traurig, daß meine Familie mich nicht aufnimmt, aber was sollte ich machen – ich habe alle gefragt. Ich war mir sicher, daß ich jetzt mit zwei Kindern auf der Straße landen würde. Aber Gott hat mir geholfen.

Ich bin dann zu der algerischen Menschenrechtsorganisation gegangen, weil ich da mal drei Jahre lang als Putzfrau gearbeitet hatte, bis ich das zweite Kind bekam. Die haben mir von »SOS« erzählt. Ich bin hier noch am selben Tag aufgenommen worden, das war vor vier Monaten, am 16. November. Ich bin hier gut aufgenommen worden, wir essen gut und werden gut angezogen.

Natürlich fühle ich mich hier nicht wirklich wohl – wir teilen das Zimmer mit fünf Frauen. Aber ich habe keine andere Wahl. Wir lachen hier viel, weil wir vermeiden wollen, uns die Frage zu stellen: Warum? Ich denke nur noch an die Zukunft meiner Kinder. Mein Sohn kommt im nächsten Jahr in die Schule, und irgendwann möchte ich ihn gerne auf das College schicken.

Ich habe zwei Diplome: eins als Sekretärin und eins als Friseuse. Ich habe versucht, Arbeit zu finden, und habe eine Stelle als Haushälterin bekommen. Das ging aber nicht sehr lange gut. Jetzt will die algerische Menschenrechtsorganisation mir helfen, einen neuen Job zu finden. Ich selbst habe schon bei vielen Stellen nach Arbeit gefragt, aber da wo ich gefragt habe, gibt es keine Arbeit.

Am liebsten möchte ich zurück zu meinem Mann. Warum? Ich habe die Schnauze voll von hier[1], ich mag dieses Leben nicht. Immer Schwierigkeiten. Wie soll ich sagen? Ich schaffe es nicht. Das hier ist keine Dauerlösung, und eine andere finde ich nicht. Also muß ich wohl zurück zu meinem Mann – was heißt zu meinem Mann, wir sind auf dem Papier geschieden. Er hat ein kleines Zimmer und eine Küche. Die Wohnung habe ich bezahlt: Ich habe das Baumaterial damals von dem Geld verdient, das ich als Putzfrau verdient habe. Früher habe ich mich ja um alles gekümmert: Ich habe das Geld verdient, ich habe das Haus sauber gemacht, ich habe mich um die Kinder gekümmert. Aber jetzt muß er sich darum kümmern, daß wir Geld haben – er hat es versprochen. Die Frauen hier[2] haben mit meinem Mann gesprochen, und er soll in einem Vertrag garantieren, daß er sich ändert. Ich werde ihn wieder heiraten, ich habe gar keine andere Wahl. In Algerien ist das Leben für eine Frau schwierig, und ganz besonders schwierig ist es für eine geschiedene Frau. Es ist sehr, sehr, sehr schwierig – eigentlich unmöglich. Ich weiß, daß er mich wieder schlagen wird, es wird dasselbe Leben sein wie früher. Aber wegen der Kinder habe ich keine andere Wahl.

---

1 Gemeint ist das Frauenhaus.
2 Gemeint sind die Mitarbeiterinnen von »SOS-Frauen in Not«.

Selima Amran Witwe

Wer auf dem Dach des Hauses steht, hat einen Blick über die Stadt und bis aufs Meer. Wegen dieser Aussicht wurde das Viertel in der westalgerischen Stadt Oran »Bel Air« genannt. Wer das Dach verläßt und eine der Wohnungen betritt, stößt nach wenigen Schritten an die gegenüberliegende Zimmerwand. Ein Zimmer, eine Küche, kein Bad – das ist der hier übliche Schnitt der Wohnungen. Darin leben Familien mit neun und mehr Personen. Weil der Platz nicht für alle zum Schlafen reicht, bringen manche ihre Kinder für die Nacht bei Nachbarn unter. Selima Amrani zum Beispiel hat jede Nacht zwei Schlafgäste zu Besuch, denn die 48jährige Witwe lebt mit ihrer 28jährigen Tochter Aicha allein: Der Ehemann und Vater ist seit Jahren tot, vier ihrer fünf Kinder sind kurz nach der Geburt gestorben. Die beiden Frauen haben also für die Verhältnisse in Bel Air eine geräumige Wohnung. Beim Eintreten fällt der Blick auf ein Foto, das Aicha vor dem Pariser Eiffelturm zeigt. Daß die junge Algerierin in die berühmte Kulisse nur hineinretuschiert ist, fällt erst beim zweiten Hinsehen auf. Eine Reise nach Paris wäre Aichas Wunsch; erfüllen kann sie sich den vermutlich nie. Ihre Mutter hat in ihrem Leben kaum Besitztümer ansammeln können; entsprechend spärlich ist das eine Zimmer der Wohnung eingerichtet.

Meine Wohnung? Das erste, was mir dazu einfällt: Wenn es regnet, läuft das Wasser von der Decke. Sie können sich das Dach ansehen, es ist total kaputt. Wir haben viele Probleme, wo soll ich anfangen zu erzählen? Nach dem Tod meines Mannes habe ich sehr gelitten und mußte um das Überleben kämpfen. Es war schwer, das Kind alleine groß zu ziehen. Aicha war acht Jahre alt, als mein Mann bei einem Verkehrsunfall gestorben ist. Ich mußte also meine Tochter ernähren und sie in die Schule schicken, aber ich hatte keine Arbeit. Als mein Mann noch lebte, hat er mir Schmuck geschenkt, und den habe ich verkauft, nachdem er gestorben war. Von dem Erlös haben wir lange gelebt. Inzwischen bekomme ich vom Staat etwas Unterstützung, aber zum Leben reicht das nicht.

Meine Brüder helfen mir, damit ich finanziell über den Monat komme. Wir haben kaum genug zu essen, um satt zu werden; Kleidung ist da wirklich zweitrangig. Wir leben nur dank der Gnade Gottes. Ich habe den ganzen Tag über Sorgen im Kopf, und es gibt niemanden, mit dem ich sie teilen kann. Wenn mir alles zu viel wird, ziehe ich mir die Decke über den Kopf und schlafe. Mein Alltag? Ich mache die Wäsche, mache etwas zu Essen, gehe einkaufen und sitze vor dem Fernseher. Wenn ich einkaufen gehe, gehe ich auf die Märkte, die am billigsten sind, auch wenn sie etwas weiter von meinem Stadtviertel entfernt sind. Ich habe da als Frau keine Probleme, ich habe alle Freiheiten – es gibt niemanden, der mir etwas befehlen kann.

Meine Tochter hat erst vor drei Monaten angefangen, halbtags zu arbeiten, dabei ist sie schon 28. Sie ist 1988 von der Schule gegangen und hat dann eine Ausbildung zur Zollbeamtin gemacht, aber sie hat mit ihrem Abschluß keine Arbeit gefunden. Jetzt kriegt sie 220 Dinar im Monat (umgerechnet rund 8,50 DM). Aber was sollen wir damit anfangen? Ein Kleid kostet schon 1500 Dinar – wie sollten wir uns so etwas kaufen können? Meine Tochter leistet sich manchmal Kleinigkeiten, billige Sachen wie Musikkassetten oder Schminke. Manchmal geht sie mit ihren Freundinnen aus, aber die meiste Zeit bleibt sie zu Hause. Sie hat zu wenig Geld, um auszugehen.

Bei den Präsidentschaftswahlen im November 1995 habe ich gewählt, und zwar Zéroual, weil alle gesagt haben, daß man Zéroual wählen muß. Wir haben gewählt, obwohl uns die Terroristen bedroht haben – eigentlich haben wir vor allem gewählt, *weil* uns die Terroristen bedroht haben. Wir wollten zeigen, daß wir gegen sie sind. Wir haben uns nicht einschüchtern lassen, sondern sind auf die Straße gegangen und haben gewählt. Und ich werde auch das nächste Mal wieder wählen, obwohl ich mit der Politik seit den Wahlen nicht zufrieden bin. Zéroual hat nichts getan, es hat sich nichts geändert, im Gegenteil. Alles ist teurer geworden, das Leben ist jetzt noch schwieriger.

Die FIS habe ich vom ersten Tag an nicht gemocht. Von Anfang an war klar, daß das eine anarchistische Partei ist. Wir Algerier haben unsere Art, zu beten, aber sie haben versucht, uns eine andere Art aufzuzwingen. Außerdem haben sie im Viertel Geld gesammelt, angeblich, um Moscheen zu bauen, aber sie haben es nicht dazu benutzt. Ich weiß nicht, was sie damit gemacht haben.

Ich habe keine Träume mehr, für mich ist es zu spät. Ich habe nur noch Träume für meine Tochter. Ich wünsche mir, daß sie später mal ein Haus hat, eine Arbeit, eine Zukunft. Mein Traum ist die Zukunft meiner Tochter.

Fathia Chérif Hausfrau und Mutter

Fathia Chérif wohnt neben Selima Amrani im Stadtviertel »Bel Air« von Oran. Die 42jährige hat sieben Kinder: vier Töchter und drei Söhne. Fathia ist warmherzig, resolut und wirkt ausgesprochen selbstbewußt. Dabei hat sie von dem umstrittenen Familiengesetz noch nie etwas gehört und auch erst seit 1996 einen Personalausweis – vorher schienen Ausweispapiere ihr nutzlos, weil sie nicht ins Ausland reisen wollte.

Unsere Wohnung ist für neun Personen viel zu klein, und überall ist es feucht. Das Wasser läuft die Wände runter, überall sind Löcher in der Decke. Wir haben zu wenig Platz, um uns alle zugleich hier zu treffen, um miteinander zu reden. Wir können nicht gemeinsam essen, meine Kinder haben keinen Platz, um hier ihre Hausaufgaben zu machen, und wir können auch nicht alle hier schlafen. Deshalb teilen wir uns auf: Drei meiner Kinder schlafen bei Nachbarn, und wir essen nacheinander.

Wir haben nicht sehr viele Sachen in der Wohnung. An der Wand stehen Matten und Decken, die wir benutzen, wenn wir wegen einer Feier Besuch haben. An der Wand hängen ein paar Bilder und Koranverse. »Im Namen des großherzigen und mitleidigen Gottes, möge Gott dich segnen« – den mag ich am liebsten.

Mein Mann ist Techniker in einer Textilfabrik. Er kriegt im Monat 10.000 Dinar (umgerechnet rund 380,- DM), aber für so viele Leute reicht sein Gehalt nicht. Die Kinder verdienen etwas Geld dazu: Einer unserer Söhne – er ist 25 Jahre alt – arbeitet seit einem Jahr und verdient 6000 Dinar (umgerechnet ca. 230,- DM), außerdem verdient eine von unseren Töchtern 8000 Dinar (rund 300,- DM). Das ist nicht viel, denn einer unserer Söhne hat Asthma, und die Medikamente sind sehr teuer. Er muß jeden Monat behandelt werden, das kostet manchmal 1000 Dinar, manchmal 1500.

Ich gehe nur aus dem Haus, wenn ich ganz bestimmte Dinge brauche, zum Beispiel Kleidung. Die meisten Einkäufe macht mein Mann, denn ich habe keine Zeit, mich auch noch darum zu kümmern. Mein Mann und ich, wir verstehen uns gut, er hat mir noch nie etwas verboten. Als wir noch jung waren, haben wir uns allerdings nicht verstanden. Ich kannte ihn vor der Ehe nicht, meine Eltern haben ihn für mich ausgesucht und mir befohlen, ihn zu heiraten. Zuerst habe ich das bedauert, aber später, als die Kinder da waren, hat sich das geändert.

Bei meinen Töchtern werde ich erst dann meine Meinung sagen, wenn sie sich jemanden ausgesucht haben. Ich werde gut überlegen, aber wenn er mir nicht gefällt, werde ich der Ehe nicht zustimmen.

Gewählt habe ich noch nie, weil ich keinen Personalausweis hatte. Mein Mann hat bisher immer für mich gewählt, ich stand noch nicht einmal auf der Wählerliste. Ich habe meinem Mann nie gesagt, was er wählen soll, denn er weiß das besser als ich und kommt schon klar. Ich denke nicht viel über solche Dinge nach. Es lohnt sich nicht. Selbst wenn ich darüber nachdenke würde – was könnte ich ändern? Anfangs habe ich gedacht, die FIS könnte etwas ändern – das haben alle Algerier gedacht, und wir sind sehr gläubig. Aber die FIS tötet Araber, tötet ihr eigenes Volk, tötet gläubige Muslime. Deshalb existiert die FIS für mich nicht mehr.

Ich träume davon, mit meinem Mann und meinen Kindern glücklich zu sein. Was ich mir wünsche: daß meine Kinder eine Wohnung und eine Arbeit finden werden. Und daß diejenigen von meinen Kindern, die studieren, ihre Studien abschließen können.

Ausweg Islam?

Die Attraktivität der FIS für Frauen

Der Islam ist in Algerien Staatsreligion und in der Gesellschaft fest verankert: 99 Prozent der Algerier sind Moslems, wobei für einige der Islam dieselbe Bedeutung hat, wie das Christentum für viele Europäer: Die Religion ist Bestandteil der Kultur, wird aber nicht unbedingt praktiziert.

Für die meisten Algerierinnen und Algerier ist der Islam ein Synonym für soziale Gerechtigkeit und Toleranz auch gegenüber Andersgläubigen. Wie jede Religion läßt er allerdings Spielraum für Interpretationen, und diesen Spielraum hat die »Islamische Heilsfront« von Anfang an genutzt. Grundlegend ist die Politisierung der Religion durch die Islamisten, das heißt: Die Trennung zwischen Staat und Religion soll aufgehoben und das islamische Recht (Scharia) Grundlage des staatliches Rechtes werden. Nicht ganz so klar formulierte das die FIS bei ihrer Gründung im Februar 1989. In ihrem provisorischen Programm bezeichnete sie sich als »globalen und allgemeinen Verweser für alle ideologischen, politischen, ökonomischen und sozialen Probleme im Rahmen des Islam nach den Vorgaben des Koran und der Sunna«. Das vergleichsweise moderate Programm wurde von dem gemäßigten Flügel innerhalb der Partei ausgearbeitet; ein geschlossenes Programm wurde nie vorgelegt. Gemäßigte und extremistische Verlautbarungen der FIS stehen deshalb nebeneinander.

Aufschluß über die Programmatik der »Heilsfront« geben vor allem Publikationen im Parteiorgan »El Mounquid«. Darin stellte einer der beiden FIS-Führer, Ali Belhadj, sein Demokratieverständnis klar: »Demokratie« sei ein Begriff der westlichen Kultur, der wie das Wort »Freiheit« nur dazu verwandt werde, die Menschen über die wahren Verhältnisse zu täuschen. Der Laizismus sei eine »jüdisch-christliche Weltverschwörung«, und was der Koran verbiete, »ist verboten, auch wenn alle Parlamente der Welt es anordnen«.

Das Verständnis, das die meisten Algerierinnen und Algerier bis heute von ihrer Religion haben, erklärte der Imam für unvollkommen: »Manche sagen, daß der Islam eine Religion ist, die sich vor Gewalt und Fanatismus hütet, er sei eine Religion der Großzügigkeit, der Toleranz und des Friedens. Ich unterschreibe diese Worte, aber dann muß noch gefragt werden: Wem gegenüber? Meine Haltung ist heute die eines Gotteskämpfers, der erkennt, daß der Islam zwar eine Religion der Großzügigkeit, der Toleranz, aber zugleich auch die Religion der Stärke, des Heiligen Krieges und der Peitsche gegen die Hochmütigen ist.«[1]

Im Namen des Islam fordert die FIS ein radikal neues Verhältnis zwischen Mann und Frau: die Trennung der Geschlechter solle wieder konsequent umgesetzt, die Frau somit aus dem öffentlichen Leben verdrängt werden: »Wenn man unter der Mischung der Geschlechter versteht, daß Frauen und Männer sich begegnen und vermengen können, dann zweifeln wir daran, daß ein mit einem Jota Vernunft begabter Mann (oder eine Frau) eine derart hassenswerte Sache akzeptieren könnte. Wenn man im Gegenteil unter ›mixte‹ versteht, daß eine Frau oder ein junges Mädchen aus dem Haus geht, um ihre Einkäufe in einem Geschäft oder dergleichen zu machen oder um laufende Angelegenheiten zu regeln, ist nichts Schlechtes daran, wenn sie sich in der Gegenwart von Männern befindet, vorausgesetzt, sie ist vorsichtig und meidet zwielichtige und zweifelhafte Orte. Wenn man strikt nur dieses unter Geschlechtermischung versteht, gibt es keinen Zweifel, daß diese vom Islam gestattet und toleriert wird.«[2]

---

1 Zitiert nach: Kebir, Sabine: Algerien. Zwischen Traum und Alptraum. Düsseldorf: ECON Taschenbuch Verlag, 1995, S. 288.
2 Zitiert nach: Schirmbeck, Samuel: Hinter den Schleiern von Algier. Hamburg: Hoffmann und Campe, 1996, S. 128.

In aller Deutlichkeit wird an dieser Stelle auch die Einführung des islamischen Rechtes gefordert: »Um das moralische Klima unseres Volkes wieder zu heben, muß nach und nach die Scharia angewandt werden, das einzige radikale Heilmittel.«

Die Berufstätigkeit von Frauen ist mit den radikalen Vorstellungen der FIS nicht zu vereinbaren: Ihr Platz ist danach im privaten Raum, am Herd. Sie wird entmündigt und, schlimmer noch, zum Gegenstand degradiert. Zwei »Fatwas« (islamische Rechtsgutachten) machen die islamistische Position gegenüber Frauen deutlich. Sie bestimmen erstens, daß das Eigentum des Staates und der Ungläubigen als Kriegsbeute zu behandeln sind, und daß zweitens die Frauen zu diesem Eigentum zu rechnen sind.

Als »Kriegsbeute« wurden jene behandelt, die von islamistischen Untergrundkämpfern entführt und vergewaltigt wurden. Und hunderte Frauen haben mit ihrem Leben dafür bezahlt, daß sie sich der »Moral« der Islamisten widersetzt und ihren vermeintlich »westlichen« Lebensstil fortgeführt haben.

Trotzdem hatte die FIS vor allem am Anfang, ehe der Terror eskalierte, auch bei den Frauen großen Erfolg. Die Partei hat nicht nur versucht, die Religion zu politisieren, sie hat vor allem mit dem Islam Propaganda gemacht.

Houda Bellemou Hausfrau

Houda Bellemou lebt mit ihrem Mann und ihren beiden Töchtern (neun und fünf Jahre alt) seit November 1990 in Deutschland. Die 29jährige hat zwar keine Ausbildung, aber in Algerien ein bißchen Geld durch Schneiderei verdient. Ihr Mann, ein Maler und Theatermacher, war als Mitglied der FIS in der westalgerischen Stadt Oran politisch aktiv; nach den Kommunalwahlen ist er vor der Verfolgung durch die Regierung aus Algerien geflohen.

Die Polizei kam zu mir nach Hause. »Wo ist dein Mann?« Ich habe gesagt: »Er ist in die Sahara gefahren, um dort Theater zu spielen.« Das hatte er mir erzählt. Er hatte gesagt, er wolle 20 Tage bleiben und in den Oasen Theater machen. Mein Mann war damals bei der Gruppe »Théatre Populaire d'Oran«, die Straßentheater gemacht hat, um das Volk direkt anzusprechen. »Nein«, haben die Polizisten gesagt, »dein Mann ist abgetaucht. Wir haben seinen Freund, er ist im Gefängnis.« Sie haben die Tür zum Atelier eingetreten und alles kurz und klein geschlagen. Die Gemälde zerstört, Photographien mitgenommen, und ein paar Kassetten. Ich hatte Angst, vor allem um meine Tochter, die damals drei Jahre alt war. Sie haben mich angeschrien und mit obszönen Worten beschimpft. »Wo ist dein Mann?« Ich habe gesagt: »Er ist in der Sahara.« Ich wußte nichts von den politischen Aktivitäten meines Mannes, davon hatte er mir zu dem Zeitpunkt noch nichts erzählt. Er hat mit mir nicht über persönliche Sachen gesprochen, deshalb habe ich erst später erfahren, daß er Politik macht und FIS-Mitglied ist. Die FIS war damals noch legal, aber nach ihren Erfolgen bei den Kommunalwahlen hat die Regierung angefangen, FIS-Mitglieder zu verfolgen. Mir hatte mein Mann immer nur gesagt, daß er Theater spielt, und ich finde es im Nachhinein richtig, daß ich nicht auf dem laufenden war – so konnte ich ihn auch nicht verraten. Er hat mir erst gesagt, daß er FIS-Mitglied ist, als wir uns vor der Flucht nach Deutschland in Blida getroffen haben. Er hatte mich in Oran angerufen, nachdem er zehn Tage lang weg gewesen war, und gesagt: »Besorge dir deine Papiere und komm nach Blida. Ich kann nicht in Algerien bleiben, ich werde bedroht.« Ein Freund hatte ihn gewarnt, nachdem ein gemeinsamer Freund verhaftet worden war: »Es ist gefährlich für dich, du mußt Oran verlassen.« Was sollte ich machen – ich habe eine Tochter. Ich habe meine Tochter zu meinen Eltern gebracht und habe erstmal nur geweint. Ich wußte nicht, was ich tun soll. Mit dem Kind alleine in Algerien bleiben? Das wäre für mich keine Lösung gewesen. Also war klar, daß ich das Land mit ihm zusammen verlasse.

Im Bürgermeisteramt von Oran haben Freunde meines Mannes gearbeitet, die auch FIS-Mitglieder waren. Sie haben mir geholfen, daß ich schnell einen Paß und ein Visum bekomme. Alles ging sehr rasch, ich bin nur noch zwölf Tage in Oran geblieben. Ich wußte immer noch nicht genau, was eigentlich los ist, denn mein Mann hatte mir am Telefon ja nur gesagt: »Besorge dir Papiere und komme nach Blida.« Ich hatte in diesen Tagen nur ein Gefühl: Angst. Dann habe ich eine Reisetasche gepackt und bin nach Blida gefahren, um dort meinen Mann zu treffen, der bei anderen FIS-Mitgliedern wohnte. Ich habe ein Fotoalbum eingepackt, weil ich wußte, daß ich nicht wiederkommen würde, außerdem die Bettdecke meiner Tochter und ein paar Kleidungsstücke. Die Tasche habe ich noch in Algerien verloren, deshalb hatte ich nichts mehr, als ich das Land verlassen habe. Keine Erinnerungsstücke. Das war im November 1990.

Die ersten zwei Jahre hier in Deutschland habe ich nur geweint. Als wir in Frankfurt ankamen, habe ich kein Wort verstanden, ich sprach kein Deutsch. Wir haben einen Asylantrag gestellt und sind erstmal einen Monat lang in einem Auffanglager geblieben. Dann sind wir in eine Stadt gezogen, wo algerische Freunde gelebt haben. Ganz allmählich habe ich angefangen, mich hier zu Hause zu fühlen, und nach einem Jahr habe ich mich dann auch getraut, meine Familie anzurufen. Es hat drei Jahre gedauert, bis über unseren Asylantrag entschieden wurde. Er wurde abgelehnt. Sie haben gesagt, zu der Zeit, als wir Algerien verlassen haben, seien FIS-Mitglieder noch nicht verfolgt worden, weil die Partei ja noch legal war. Wir haben dagegen geklagt. Drei Jahre später wurden wir anerkannt, weil mein Mann immer noch FIS-Mitglied und auch hier im Exil politisch tätig ist. Es ist klar, daß die Regierung meinen Mann genau beobachtet, denn er arbeitet sehr öffentlich. Er macht Ausstellungen und ist bei politischen Veranstaltungen aktiv. Wenn es in Algerien wieder ein Attentat gegeben hat, verteilt er oft Flugblätter, um zu erklären, daß die FIS sich von diesen Attentaten distanziert und daß sie von der GIA verübt werden. Ich kann vor Angst oft nicht schlafen, denn wir fühlen uns von beiden Seiten bedroht: von der Regierung und von der GIA. Erst allmählich kommen wir hier in Deutschland zur Ruhe.

Ich selbst bin der FIS nicht beigetreten, weil ich das Gefühl hatte, daß ich nicht genug Erfahrung habe, um Politik zu machen, denn ich bin nur sieben Jahre lang zur Schule gegangen. Trotzdem gefällt mir das Programm der FIS. Wenn das islamische Recht umgesetzt würde, wäre das eine gute Sache. Die Frau hat nach dem Koran alle Rechte – viel mehr, als sie heute in Algerien hat. Im Koran heißt es zum Beispiel: »Wie der Mann, so die Frau.« Das heißt, beide haben die gleichen Rechte. Oder es heißt: Wenn ein Mann heiraten will, muß er die Frau um ihr Einverständnis fragen. Wenn sie nicht will, kommt die Ehe nicht zustande. Die Frau hat also nach dem Koran Rechte, die aber zum Teil unseren Traditionen widersprechen. Das liegt daran, daß die Leute, die den Islam praktizieren, den Koran unterschiedlich auslegen. Ein gutes Beispiel ist mein Vater: Er ist Moslem, aber in vielem widerspricht sein Leben dem Koran. Ein Beispiel: Wir sind vier Schwestern. Er hat keine von uns vor der Ehe gefragt, ob wir diesen Mann heiraten wollen. Er hat es uns einfach befohlen.

Ich habe den Koran und die Sunna gelesen, also das, was Gott und sein Prophet gesagt haben. Außerdem habe ich viele arabische Bücher gelesen, aber nicht die Schia, denn was im Iran oder in Saudi-Arabien passiert, also in Ländern, die sich auf die Schia berufen, ist mir zu hart. Die Religion ist dort zu stark.

Meine Großmutter hat immer zu mir gesagt: »Du mußt lernen, lernen, lernen. Wenn du mal groß bist, mußt du deine Religion studieren. Und du darfst nicht vergessen, daß die Frau im Islam Rechte hat.« Damit bin ich groß geworden, denn ich bin bei meiner Großmutter aufgewachsen und nicht bei meinen Eltern. Ich bin zu meiner Großmutter gezogen, als ich drei Jahre alt war. Meine Großmutter hatte nur zwei Töchter, und die eine ist an Krebs gestorben, als sie 18 Jahre alt war. Also hatte sie zu der Zeit nur noch meine Mutter und drei Enkelkinder; meine jüngste Schwester war damals noch nicht geboren. Meine Großmutter hat eines Tages zu meiner Mutter gesagt: »Gib mir eine von deinen Töchtern, damit ich nicht so alleine bin.« Da hat meine Mutter gesagt: »Die Große kriegst du nicht, weil sie die älteste ist. Aber von den beiden anderen kannst du dir eine aussuchen.« Meine Schwester ist sehr dünn, und meine Großmutter hat gesagt: »Die will ich nicht, ich will die Dicke.« Das war ich. Für mich war das ein großes Glück, und ich bin mir sicher: Wenn meine Großmutter länger gelebt hätte, wäre ich weiter zur Schule gegangen. Meine Großmutter war wirklich eine außergewöhnliche Persönlichkeit. Sie hat an der Seite der Befreiungskämpfer mit für die Unabhängigkeit von Frankreich gekämpft. Sie war ein Kurier, sie hat Briefe und Waffen geschmuggelt. Damals haben Männer und Frauen Seite an Seite gekämpft, sie hatten die gleichen Rechte. Davon hat mir meinen Großmutter fast jeden Abend erzählt. Mein Großvater ist im Krieg gegen Frankreich gestorben, deshalb hat meine Großmutter ihre beiden Töchter alleine groß gezogen. Sie hat in Oran alleine gelebt, und sie hatte als alleinstehende Frau nie Schwierigkeiten. Sie hat gearbeitet, sie hat alles mögliche gemacht, aber vor allem hat sie genäht und gestickt. Sie war unglaublich aktiv und politisch gut informiert. Sie war ungebildet, das heißt sie ist nicht zur Schule gegangen, aber sie hat immer Radio gehört, und sie hat später sogar angefangen, zu schreiben. Sie hatte immer den Wunsch, etwas Neues dazuzulernen, zum Beispiel Sprachen. Sie hat oft zu mir gesagt: »Wenn du etwas willst, dann schaffst du das auch.« Sie war sehr mutig. Kurz bevor sie gestorben ist, habe ich zu ihr gesagt: »Ich will so werden wie du.« Aber dann ist es anders gekommen. Das ist schade.

Ich war zwölf Jahre alt, als meine Großmutter gestorben ist, und danach bin ich zu meinen Eltern zurückgegangen. Mein Vater ist viel konservativer. Ich wäre gerne zu meinem Onkel gezogen, zu dem Bruder meiner Mutter, aber mein Vater hat mir das verboten. Er hat gesagt: »Du mußt zu deinen Geschwistern zurück.« Ich habe gefragt: »Darf ich denn weiter zur Schule gehen?« Und er hat gesagt: »Ja, du darfst weiter lernen.« Ich war also einverstanden und habe mich gefreut. Meine Eltern wohnen in einem Dorf, das 32 Kilometer von Oran entfernt ist und in dem es keine Schule gibt. Ich mußte also sehr weit zu Fuß gehen oder mit dem Bus fahren oder auf ein Internat gehen. Eine Woche, nachdem ich zu meinen Eltern zurückgegangen war, ist mein Vater mit meiner Mutter nach Saudi-Arabien geflogen. Mein Bruder sollte auf mich aufpassen. Er hat zu mir gesagt: »Wenn du zur Schule gehst, bekommst du zur Strafe die Füße abgeschnitten.« Ich konnte also nicht zur Schule. Als mein Vater wiederkam, haben er und mein Bruder mich gemeinsam bewacht. Drei Tage lang habe ich mich im Zimmer eingeschlossen und nur geweint. Ich bin nie wieder zur Schule gegangen, aber ich wollte weiterlernen und habe deshalb dann viel gelesen. Ich danke Gott, daß ich wenigstens sieben Jahre lang auf der Schule war, denn das ist besser als nichts. Aber ich habe mich in dieser Zeit immer sehr einsam gefühlt. Ich hatte kein Vertrauen mehr zu meinem Vater. Sechs Jahre lang durfte ich das Haus nicht verlassen, außer um zum Arzt zu gehen oder meine Verwandten zu besuchen, wenn eine Hochzeit war oder ein anderes Fest. Ich habe vor dem Fernseher gesessen, Radio gehört oder gelesen. Das war alles. Sechs Jahre lang. Ich habe immer gesagt: Ich will weg. Aber wo sollte ich hin?

Mein Vater hatte zwei Frauen, und einmal war ich dabei, wie er zu meiner Mutter gesagt hat: »Du bist mit völlig unterworfen, ich habe alle Macht über dich.« Mutter ist dann ziemlich laut geworden; ich weiß nicht genau, was sie gesagt hat. Als mein Vater sie deshalb geschlagen hat, habe ich angefangen zu schreien. Er ist sofort zu mir gekommen und hat auch auf mich eingeprügelt. Ich war auf der Stelle still, weil ich dachte: Sonst zertrümmert er dir noch den Schädel. Meine Mutter leidet sehr unter ihm. Sie darf nicht ungefragt sprechen, und sie darf nicht aus dem Haus gehen. Sie ist 58 Jahre alt. Sie betet viel und sagt immer: »Gott wird mir meine Rechte wiedergeben.« Als sie 13 Jahre alt war, mußte sie heiraten, ihre Ehe ist zwischen meinen beiden Großvätern verabredet worden.

Als ich 18 wurde, hat mein Vater bestimmt, daß ich heiraten soll. Ich kannte meinen Mann nicht, aber ich habe zugestimmt – was sollte ich machen? Wenn ich »nein« gesagt hätte, hätte er mich umgebracht. Außerdem habe ich mir gesagt: Heiraten ist immer noch besser, als hier zu bleiben, denn dann habe ich immerhin eine Chance, daß es besser wird.

Mit meinem Mann verstehe ich mich gut, nur mit meiner Schwiegermutter hatte ich Probleme; wir haben vier Jahre lang bei den Eltern meines Mannes gewohnt. Ich mußte sie immer um Erlaubnis fragen, wenn ich irgendwo hingehen wollte. Es war dasselbe wie bei meinen Eltern. Mein Mann hat mich getröstet: »Gedulde dich, irgendwann haben wir eine eigene Wohnung.« Schließlich haben wir auch eine gefunden, und dann haben wir in Oran ein Jahr lang alleine gelebt, bevor wir nach Deutschland gekommen sind. Da ist langsam alles besser geworden. Mein Mann und ich haben angefangen, zusammen auszugehen, und wir haben uns gut verstanden. Mein Mann hat eine ganz andere Mentalität als mein Vater oder mein Bruder. Er will auch leben, er genießt das Leben. Er sagt nie »nein«, wenn ich ihn um etwas frage.

Ich habe immer den Eindruck gehabt, daß ich als Frau mehr Rechte bekommen würde, wenn der Islam umgesetzt würde. Es gibt verschiedene Tendenzen im Islam, aber ich glaube nicht, daß es stimmt, daß die FIS den Frauen verbietet, aus dem Haus zu gehen. Wenn sie das täte, dann würde sie ja auch nicht den wahren Islam lehren. Die FIS beruft sich immer auf das, was Gott sagt, und Gott sagt, daß die Frau alle Rechte hat. Daß die FIS Frauen bedroht und umgebracht haben soll, das glaube ich nicht. Wenn ein Mensch seine Religion praktiziert, dann mordet er nicht, dann tut er nichts Schlechtes. Wer mordet, ist für mich kein Moslem.

Ich höre alle Nachrichten über Algerien und sehe alles, was im Fernsehen kommt. Wenn ich von den Attentaten höre, mache ich mir natürlich Sorgen um meine Familie, und wir telefonieren jede Woche. Aber Oran ist ruhiger als Algier. Ich bete oft dafür, daß das algerische Volk endlich zur Ruhe kommt und in Frieden leben kann. Aber wie es weitergeht – ich weiß es wirklich nicht.

Rabéa Mehri Lehrerin

Sie hat in Oran als Lehrerin gearbeitet. Die 35jährige ist Mutter von vier Kindern; die älteste Tochter ist zehn Jahre alt, der jüngste Sohn zehn Monate. Ihr Mann ist Schneider. Die Familie lebt seit 1990 in Deutschland und genießt inzwischen politisches Asyl.

Ich hatte ständig Angst. Die Polizei ist ein paar Mal zu uns nach Hause gekommen, um meinen Mann zu suchen, denn er hat die Regierung immer wieder in Zeitungsartikeln kritisiert. Drei Mal haben sie ihn verhaftet. Ein Mal war ich hinten im Hof, als sie gekommen sind. Unser Hof ist sehr groß, 400qm, und deshalb habe ich nicht mitbekommen, was vorne im Haus vor sich geht. Sie haben ihn verhaftet und mitgenommen, ohne mir Bescheid zu sagen. Als sie ihn die ersten beiden Male mitgenommen haben, habe ich noch nicht gedacht, daß sie ihn foltern würden. Aber das letzte Mal war ich wirklich voller Panik. Als er dann wieder nach Hause kam, war er schwer krank. Sie haben ihn nicht gefoltert, aber sie haben ihn mißhandelt. Die Zelle war unterirdisch, es gab kein Licht. Er hat kaum zu trinken oder zu essen bekommen. Als er das letzte Mal aus dem Gefängnis entlassen wurde, haben sie zu ihm gesagt: »Das nächste Mal kommst du nicht wieder raus.« Ein Cousin von mir, der bei der Polizei arbeitet, hat uns gewarnt: Das nächste Mal werde es wirklich ernst; mein Mann solle fliehen. Ich wollte Algerien nicht verlassen. Ich war Lehrerin, ich hatte Mutterschaftsurlaub, und ich habe danach gefiebert, wieder arbeiten zu können. Ich wollte nicht ins Exil. Aber mein Cousin hat zu mir gesagt: »Es wäre besser, wenn du mit deinem Mann gehst. Wenn du alleine hier bleibst, wirst auch du Probleme kriegen. Wenn sie deinen Mann nicht finden, werden sie dich nehmen.« Mein Mann mußte sich jeden Tag auf dem Kommissariat melden. Ich hatte ständig Angst, aber ich wollte nicht gehen: Mein Land verlassen, meinen Beruf aufgeben. Ich hätte mir früher nie träumen lassen, Algerien einmal zu verlassen. Ich konnte mir das einfach nicht vorstellen. Weil ich nicht gehen wollte, sind wir noch ein Jahr lang geblieben. 1990 sind wir dann geflohen. Am letzten Tag hat er sich um neun Uhr morgens noch beim Kommissariat gemeldet, um zehn sind wir weggegangen. Wir haben nur etwas Geld, einige Kleider und Sachen für die Kinder mitgenommen. Und ein Photoalbum, mehr nicht. Das bereue ich heute, ich hätte gerne mehr Erinnerungsstücke. Mir fehlt jede Ecke in meinem Haus, und vor allem fehlt mir meine Familie. Wir waren noch nie für so lange Zeit getrennt.

Mein Mann hat weiter politisch gearbeitet, als wir dann in Deutschland waren. Es gibt viele FIS-Mitglieder in Europa, und sie haben regelmäßigen Kontakt untereinander. Wenn es in Algerien wieder Attentate gegeben hatte, hat mein Mann Flugblätter verteilt, in denen die Gewalt verurteilt wurde. Er hat geschrieben, daß nicht die FIS diese Attentate verübt, sondern die GIA. Deshalb fühle ich mich von beiden Seiten bedroht, von der Regierung und von der GIA – für mich gibt es da keinen großen Unterschied. Ich habe Angst. Ich habe immer das Gefühl, daß ich ermordet werde wie die Frauen in Algerien, deren Männer in den Untergrund gegangen sind oder FIS-Mitglieder waren.

Ich bin auch in Deutschland bedroht worden. Eines Tages hat das Telefon geklingelt. Meine jüngere Tochter ist dran gegangen, die ältere war in der Schule. Meine Tochter hat mich gerufen und hat gesagt: »Mama, da ist ein Mann dran, und ein Mädchen, das weint.« Ich habe gesagt: »Vielleicht hat er sich verwählt, leg auf.« Meine Tochter hat gesagt: »Nein, das ist ein Araber, ein Algerier.« Ich habe gesagt: »Warte, ich komme.« Ich habe ein Mädchen gehört, das ganz schrill geschrien hat. Und der Mann hat gesagt: »Sei ruhig, warum schreist du?« Nach drei, vier Minuten habe ich kapiert, daß es meine Tochter ist, die da schreit. Ich habe gefragt: »Wo bist du? Wo bist du, Amina?« Der Mann hat aufgelegt. Ich bin rausgerannt, ich habe meine Tochter gesucht, ich habe geweint. Ich habe sie schließlich in der Schule gefunden. Es war gar nicht sie gewesen am Telefon, sondern ein Mädchen mit einer ganz ähnlichen Stimme. Der Anruf war nur eine Drohung: Wenn dein Mann nicht aufhört, werden wir deiner Tochter etwas antun. Sie wollten mir Angst machen.

Zwei Jahre lang war ich so krank, daß ich zum Psychiater mußte. Ich war dauernd depressiv, ich hatte immer Angst. Immer. Manchmal habe ich tagelang auf dem Sofa gesessen und bin gar nicht mehr rausgegangen. Sechs Monate lang bin ich nachts nicht mehr ins Bett gegangen, sondern habe die ganze Nacht über auf dem Sofa im Wohnzimmer gesessen und auf das Fenster gestarrt. Selbst heute wache ich noch beim leisesten Geräusch auf und gucke wie gebannt auf die Fenster und die Türen. Wenn mir jemand mit schwarzen Haaren und einem arabischen Gesicht hinterher geht, dann kriege ich Panik. Immer noch. Einmal hat hier jemand geklingelt, er hatte sich vertan, er wollte zu den Nachbarn. Aber ich habe sofort gedacht: Die GIA. Denn mein Mann verteilt immer wieder Flugblätter, in denen er die Attentate und die Gewalt der GIA verurteilt. In ganz Europa gibt es Mitglieder der GIA, deshalb habe ich Angst. Manchmal schreie ich im Schlaf; mein Mann weckt mich dann. Oft träume ich, daß jemand kommt, um mir die Kehle durchzuschneiden. Als ich das letzte Mal davon geträumt habe, war es eine Frau, die mit einem Messer auf mich zukam. Mein Mann hat mich geweckt, weil ich so geschrien habe, aber sobald ich wieder eingeschlafen war, habe ich weitergeträumt.

Seit drei Jahren habe ich keinen Kontakt mehr mit meiner Familie. Sie haben die Telefonleitungen gekappt, und ich will ihnen nicht schreiben, weil ich nicht will, daß sie wegen uns noch mehr Probleme kriegen. Niemand von ihnen weiß, wo wir genau sind. Sie wissen nur, daß wir irgendwo in Europa sind. Wir haben nur Kontakt mit der Familie meines Mannes.

1995 wollte meine Schwiegermutter zu Besuch kommen, um ihre Enkel noch einmal zu sehen. Sie ist alt, über 80, und sie hatte das Gefühl, daß sie bald sterben könnte. Deshalb haben wir sie hierher eingeladen. Ihr Schwiegersohn ist nach Tunesien gefahren, um dort die Visa abzuholen. An der Grenze ist er verhaftet worden. Sie haben ihn vierzehn Tage lang festgehalten und gefoltert. Nachdem er freigelassen worden war, haben wir mit seiner Frau telefoniert. Sie hat gesagt, daß er wie ein Kadaver aussah, als er aus dem Gefängnis kam. Wenn wir anrufen, weigert er sich, auch nur ein Wort mit uns zu reden. Er ist sehr mißtrauisch geworden. Drei seiner Verwandten sind in einer Woche gestorben, in einer einzigen Woche. Der erste war ein Cousin, der Polizist war und dann FIS-Mitglied geworden ist; er ist aus dem Polizeidienst ausgetreten. Er hatte Kassetten und Zeitungen mit Programmen und Reden der FIS. Die Sicherheitskräfte sind zu ihm nach Hause gekommen, als er mit seinem Vater alleine war – seine Frau war mit den Kindern bei einer Familienfeier. Sie haben ihn mitgenommen. Niemand weiß, was genau passiert ist, aber nachdem sie ihn freigelassen hatten, mußte er ins Krankenhaus. Da ist er dann gestorben. Der Arzt hat gesagt, daß er Herzprobleme gehabt habe. Wir glauben, daß er gefoltert worden ist. Noch in derselben Woche sind sein Vater und seine Schwester gestorben. Beide in derselben Stunde. Niemand weiß genau, was passiert ist, aber alle glauben, daß sie ermordet worden sind. Danach hatten alle Angst, als nächste dran zu sein. Das war 1995, nach dem Ende des Ramadan.

Warum ich angefangen habe, mit der FIS zu sympathisieren? Die FIS, das war für mich Gerechtigkeit. Wir brauchen Gerechtigkeit, um Algerien zu retten, um das Land von Korruption und Diktatur zu befreien. Die Leute, die das Land regieren, sind seit 30 Jahren dieselben. Sie haben das Land in den Bankrott geführt. Wir haben damals, 1988, wirklich an einen Wandel geglaubt. Wir waren voller Hoffnung. Abassi Madani[1] hat gesagt: »Vertraut auf die Arbeit und auf die Landwirtschaft. Hört auf, an das Erdöl zu glauben.« Ich habe gehofft, daß es endlich eine Veränderung in Algerien geben würde und daß die Frauen mehr Rechte bekommen würden. Denn wie ist die Situation der Frauen in Algerien? Sie haben kaum eine Chance im Arbeitsleben, zum Beispiel in der Justiz. Oder auch das Familienrecht – nach einer Scheidung muß die Frau dem Mann die Wohnung überlassen. Sie steht mit den Kindern auf der Straße, denn in der Regel bekommen die Frauen das Sorgerecht. In Algerien hat man der Frau ihre Rechte nie zugestanden. Die Leute glauben zwar, daß die FIS die Frauen zwingen würde, sich zu verschleiern, aber das glaube ich nicht. Ich zum Beispiel trage einen Schleier, aber ich trage ihn freiwillig. Ich habe den Koran gelesen, ich glaube an die Religion. Der Schleier ist für mich auch ein Symbol der Ge-

---

1 Der Soziologieprofessor Abassi Madani ist einer der beiden Führer der FIS, der andere ist der Imam Cheikh Ali Belhadj. Beide wurden im Sommer 1991 vom Militärgericht Blida wegen »Angriffs auf die Staatssicherheit« zu je zwölf Jahren Freiheitsstrafe verurteilt.

rechtigkeit und der Gleichheit. Wenn alle Frauen die gleiche Kleidung tragen würden, gäbe es keine Unterschiede mehr, es gäbe keine Konkurrenz mehr zwischen den Frauen. Es gäbe in der Gesellschaft keine Probleme mehr.

Meine Mutter hat nie gearbeitet, sie war Hausfrau. Sie brauchte auch nie zu arbeiten, weil sie von ihrem Vater Land geerbt hatte. Meine Familie ist ganz gut situiert, weil auch mein Vater Land geerbt hatte. Meine Mutter hat immer zu mir gesagt: »Du darfst dich nur auf dich selbst verlassen.« So haben alle in meiner Familie gedacht; meine Cousinen haben auch alle gearbeitet oder studiert. Es stand für mich außer Frage, daß ich eine Ausbildung machen würde, ich fand es wichtig, zu arbeiten und mein eigenes Geld zu verdienen. Ich wollte von niemandem abhängig, nie auf Hilfe angewiesen sein. Ich habe Arabisch und Französisch unterrichtet, und ich habe meinen Beruf wirklich sehr geliebt. 1979 habe ich angefangen zu arbeiten und ich habe erst aufgehört, als ich 1985 mit meiner ersten Tochter schwanger war. Damals bin ich nur für drei Monate zu Hause geblieben, aber als ich 1987 wieder schwanger war, bin ich in Mutterschaftsurlaub gegangen. Ich wollte 1990 wieder anfangen zu arbeiten, und ich habe mich darauf gefreut.

Wir haben alles verloren. Es gibt nichts Schwierigeres, als von seiner Familie so weit entfernt zu sein. Von seinem Land so weit entfernt zu leben. Alles verloren zu haben, wovon man einmal geträumt hat, was man aufbauen und erreichen wollte, was man sich für die Zukunft ausgemalt hat. Ich träume oft von Algerien. Alpträume, wenn sie im Fernsehen wieder über ein Attentat berichtet haben. Ich träume davon, daß mein Vater oder meine Mutter tot sind. Ich wache auf, und falle für die nächsten Tage wieder in eine Depression. Das wird allmählich ein bißchen besser, ich fange an, zu vergessen. Ich halte es zwar immer noch nicht aus, alleine zu Hause zu sein, aber tagsüber traue ich mich wieder auf die Straße. Manchmal laufe ich dann allein durch die Stadt und ich frage mich: Wer ist es, der Frauen die Kehle durchschneidet und Kinder ermordet? Das kann kein menschliches Wesen sein. Ich hätte nie geglaubt, daß es einmal so weit kommen könnte: Daß Algerier algerische Kinder umbringen. Aber es kann sein, daß sie mich oder eins der Kinder umbringen, um meinen Mann zu treffen. Ich träume von dem Tag, an dem Algerien sich wieder stabilisiert. Das ist wirklich meine Hoffnung.

Berichte vom Leben
zwischen den Fronten

Journalistinnen in Algier

In einem Vorort von Algier wurde einer der bekanntesten algerischen Schriftsteller und Journalisten, Tahar Djaout, am 26. Mai 1993 niedergeschossen. Das war der Auftakt für die systematischen Morde an algerischen Intellektuellen. 58 algerische Journalistinnen und Journalisten wurden seitdem nach Angaben von »Reporter ohne Grenzen« ermordet.

Die Presse ist das wichtigste Sprachrohr der Demokratiebewegung und deshalb Zielscheibe der Gewalt von beiden Seiten in dem blutigen Konflikt zwischen Regime und bewaffneten Islamisten. Bewaffnete islamistische Untergrundgruppen haben den Journalisten 1993 öffentlich den Krieg erklärt und weitere Attentate angekündigt. Ihre Erklärung dafür: Die Medienvertreter seien »Agenten« des Staates. Hunderte Journalistinnen und Journalisten flohen daraufhin ins Exil. Wer blieb, sucht den Schutz der Anonymität, führt eine Art Doppelleben oder hat die eigene Wohnung verlassen und lebt im Untergrund. In einem Hotelkomplex in Sidi Fredj, nahe der Hauptstadt Algier, hat die Regierung im November 1993 eine Sicherheitszone für Journalistinnen und Journalisten eingerichtet.

Die elektronischen Medien Fernsehen und Hörfunk sind noch immer in staatlicher Hand, ebenso die nationale Nachrichtenagentur APS. Daneben wurden in den vergangenen Jahren einige Dutzend unabhängige Tages- und Wochenzeitungen sowie Zeitschriften gegründet. Nach Angaben algerischer Journalistinnen arbeiten in den Redaktionen weit mehr als 50 Prozent Frauen, allerdings nur selten auf führenden Posten.

Am 11. Februar 1996 detonierte eine Autobombe vor dem schwer bewachten »Haus der Presse« in Algier. 14 Menschen wurden getötet und 30 weitere zum Teil schwer verletzt, die Redaktionsräume von sechs Zeitungen erheblich beschädigt. Als Täter gelten islamistische Fundamentalisten, doch einzelne Stimmen geben zu bedenken, daß das Bombenattentat – um das mindeste zu sagen – der Regierung gut in das politische Kalkül paßt; in dem »Haus der Presse« hatten mehrere unabhängige Zeitungen ihren Redaktionssitz.

Immer häufiger werden Zweifel daran laut, daß die bewaffneten Untergrundgruppen für alle Morde an Journalistinnen und Journalisten verantwortlich sind. Die meisten Attentatsopfer waren als Kritiker des Regimes bekannt. Einen Tag vor dem Bombenanschlag auf das Pressehaus hatte die Regierung ein »Pressegesetz« erlassen, dessen Notwendigkeit offiziell mit der Sicherheitslage erklärt wurde. Es gibt dem Regime Handhabe für schärfste Repressionen. Das Erscheinen von Zeitungen wurde seitdem immer wieder verhindert. Dutzende Journalisten wurden zu teils empfindlichen Geldstrafen oder Gefängnisstrafen auf Bewährung verurteilt.

Djamila Laroussi Journalistin

Djamila Laroussi hat Psychologie studiert, arbeitet seit gut zehn Jahren als Journalistin für verschiedene algerische Zeitungen und ist Mitglied der »Algerischen Vereinigung Demokratischer Frauen« (RAFD). Seit November 1993 lebt die Dreißigjährige in dem schwer bewachten Hotelkomplex in Sidi Fredj nahe der Hauptstadt Algier.

Ich lebe jetzt schon seit drei Jahren in diesem Hotel. Ich war unter den ersten, die hierher gekommen sind. Am Anfang war es sehr schwer. Ich habe alleine in dem Zimmer gewohnt, und ich bin an die Einsamkeit nicht gewöhnt. Bei mir zu Hause war immer viel los, da waren die Eltern, die Schwestern, die Brüder – und paff, plötzlich war ich entwurzelt. Das war der Bruch mit allem, was mich bis dahin ausgemacht hat. Mit allem, was im tiefsten Innern zu mir gehört.

Mein Zimmer, das sind vier nackte Wände. Ich habe versucht, sie zu dekorieren, um ihnen einen persönlichen Hauch zu geben, denn ich mag diese unpersönlichen Hotelzimmer nicht. Also habe ich eine Art Teppich aus der Kabylei an die Wand gehängt, und ich habe das Plakat von einem Film aufgehängt, der mir wirklich gefallen hat: »Black Rain«. Außerdem habe ich mir einen Fernseher beschaffen können. Meine Freunde sagen, daß mein Zimmer eine Wärme habe, aber für mich bleibt es ein Hotelzimmer. Was ich aufgehängt habe, reicht gerade, um die Illusion von einem privaten Raum zu schaffen.

Es ist noch nicht lange her, daß ich Omar kennengelernt habe, und jetzt teilen wir uns das Zimmer. Es gibt Momente, in denen ich gerne alleine wäre, und ihm geht es genauso. Aber das ist sehr schwierig. Manchmal geht er zu einem Freund aufs Zimmer, weil ich einfach mal alleine sein möchte, oder ich gehe zu einer Freundin. Aber meistens bleiben wir zusammen in dem Raum, selbst wenn wir den Wunsch haben, alleine zu sein. Wir sprechen dann nicht miteinander.

Früher war ich immer sehr fröhlich. Ich glaube, ich habe mich verändert, aber um ehrlich zu sein: Ich habe keine Zeit, um über mich selbst nachzudenken. Wenn man in voller Aktion ist, hat man keine Zeit, um die eigene Befindlichkeit zu analysieren. Aber wenn meine Schwestern mich hier manchmal besuchen kommen, sprechen sie mich darauf an, daß ich mich geändert habe. Dann fällt es mir selbst auch auf: Ich bin unruhig geworden, und manchmal habe ich das Gefühl, als würde ich gleich zerbersten. Ich weiß nicht, woher die Kraft kommt, daß ich weitermache. Wodurch es mir gelingt, meine Gefühle zu zügeln, mich im Griff zu behalten und zu beherrschen.

Ich habe zu Lust zu leben, zu handeln. Aber die Gegenwart ist sehr reduziert: Sie ist nichts als der Weg von hier zur Arbeit und zurück. Wenn ich losfahre frage ich mich: Werde ich davonkommen – oder werden sie mich heute kriegen? Wenn ich am Pressezentrum ankomme, frage ich mich: Werde ich es schaffen, zu schreiben? Werde ich es schaffen, meine Seiten zu füllen? Denn ich bin immer in der Erwartung des Schlimmsten, wie es uns zum Beispiel im Februar 1996 passiert ist, als die Bombe vor dem Pressehaus explodiert ist. Und dann fahre ich ins Hotel zurück, um den Abend hier zu verbringen, denn ich gehe nicht mehr aus. Ich lebe völlig im Untergrund. Der Weg hierher ist immer gleich: dieselben Straßensperren, dieselben Gesichter, die Militärs. Es gibt kaum Menschen. Es ist eine entmenschlichte Welt. Wir versuchen, einen menschlichen Zug in diese Welt zu bringen, aber es gelingt uns nicht. Ich kehre in mein Zimmer zurück, und dann brate ich Eier, weil ich keine Zeit habe, etwas anderes zu kochen. Wenn keine Eier mehr da sind, schlafe ich, ohne etwas zu essen. Ich trinke vielleicht ein Glas Milch oder einen Kaffee. Ich gucke ein bißchen fern, ohne wirklich etwas zu sehen, und dann schlafe ich.

Es gibt keinen Platz mehr für Träume. Ich träume nicht mehr, und das ist schlimm, denn als ausgebildete Psychologin weiß ich, was das heißt: Ein Leben ohne Träume. Das ist ein verstümmeltes Leben, in dem die Vergangenheit nicht mehr existiert oder von der Gegenwart verdrängt wird, weil die Gegenwart so bedrohlich ist. Die Gegenwart ist zu einem Synonym für den Überlebenskampf geworden, und die Zukunft ist völlig ausgeblendet.

Wenn ich doch träume, dann träume ich ohne Farben. Ein Bild kommt immer wieder: Ich sehe, wie die Terroristen mit meinem Kopf spielen. Oder ich sehe meinen Vater. Ich habe ihn vor vier Jahren zuletzt gesehen, er ist im vergangenen Jahr an Krebs gestorben. Ich habe ihn vorher nicht mehr besuchen können, weil ich nicht mehr nach Hause gehe. Ich habe manchmal mit ihm telefoniert, und er hat am Telefon geweint. Ich kenne das Grab meines Vaters nicht. Ich war nicht bei seiner Beerdigung, weil mich meine Freunde zurückgehalten haben. Und es ist gut, daß sie mich zurückgehalten haben, denn andere sind zu seiner Beerdigung gekommen: fünf Terroristen mit ihren Kalaschnikows. Sie waren es, die bei der Beerdigung meines Vaters waren. Sie kamen auch zu den Feierlichkeiten am dritten Tag danach und am vierzigsten Tag. Sie sind zu mir nach Hause gekommen. Niemand hat ein Wort gesagt. »Wo ist sie?«

Alle Journalisten sind tödlich bedroht, das weiß jeder. Aber wenn man seinen Namen auf einer Liste mit »Todesurteilen« sieht, dann ist das doch etwas anderes. Das heißt, ich gehöre nicht mehr zu dieser bedrohten Masse, sondern wenn sie deinen Namen ausgesucht haben, werden sie alles tun, um dich zu kriegen. Und wenn sie dich wirklich kriegen wollen, kriegen sie dich.

Mich hat eine Frau verraten, eine Frau hat die »Fatwa« über mich gesprochen, eine Terroristin, die ich nicht als solche erkannt habe: Sie trug einen Minirock, sie hat geraucht – normal. Sie hat über Wochen meine Freundschaft gesucht. Sie ist oft zu mir nach Hause gekommen – anfangs habe ich noch zu Hause gelebt – und hat gefragt, was ich mache. Mit wem ich befreundet bin. Sie hat um Photos von mir gebeten und sogar um Briefe. Das alles hat sie weitergegeben. Sie haben alle Informationen über mich. Als ich schon hier im Hotel war, hat sie mich einmal mit einem Mann besucht. Das war an einem Donnerstag. Donnerstags arbeiten die Journalisten bei uns nicht, außer denjenigen, die beim Fernsehen sind. Viele waren zu ihren Familien gefahren, niemand war im Hotel. Sie hat mir den Mann als ihren Cousin vorgestellt, der im Justizministerium arbeitet, und ich hatte keinen Grund, ihrer Aussage zu mißtrauen. Heute weiß ich, daß er ihr Chef war. Sie sind den ganzen Nachmittag geblieben, und ich habe ihnen Kaffee serviert. Sie haben vom Balkon geguckt und haben gesagt: »Ihr habt aber eine schöne Aussicht!« Sie hätten mich töten können, mir die Kehle durchschneiden zum Beispiel, und dann einfach runtergehen und fortfahren. Niemand hätte sie gesehen, niemand hätte sie später wiedererkannt.

Irgendwann haben mich die Sicherheitskräfte angerufen und haben mir gesagt, daß ich auf der Abschußliste stehe, zusammen mit vier befreundeten Kollegen. Sie hatten die Frau festgenommen und haben die Liste bei ihr gefunden. Sie haben die ganze Gruppe ausgehoben. Nur der Mann, mit dem sie bei mir war, ist noch frei. Ich bin zur Wache gefahren, weil ich diese Liste mit eigenen Augen sehen wollte. Dann habe ich gefragt: »Wo ist sie?« Ich wollte mit ihr sprechen. Ich wollte ihr nur eine Frage stellen: »Warum?« Ich durfte sie nicht sehen.

Ich bin noch einmal davongekommen. Bis wann, weiß ich nicht. Ich gehe nicht mehr aus, das ist wahr. Ich will ihnen keine Gelegenheit geben. Sie sollen sich wenigstens anstrengen müssen, um mich zu kriegen. Das ist mein Ziel. Also gehe ich seit drei Jahren nicht mehr raus. Ich kaufe nicht einmal ein Sandwich – für alles schicke ich jemanden. Selbst wenn ich einen Slip kaufen möchte, schicke ich einen Kollegen, der sich noch raustraut.

Ich weiß nicht mehr, wie das Leben draußen ist. Ich habe vergessen, welche Farbe die Wände zu Hause haben. Ich habe Neffen, die mich nicht mehr wiedererkennen, wenn sie hierherkommen. Sie haben Angst vor mir: Das ist die Fremde. Das schmerzt, das schmerzt wirklich, denn das sind Neffen, mit denen ich früher geschmust habe. Also sage ich zu meiner Familie: »Fotografiert zu Hause jede Ecke und bringt mir die Bilder mit. Und fotografiert die Neffen, Monat für Monat, wie sie größer werden. Sprechen sie? Sind sie krank?« – das alles erfahre ich nur über das Telefon. Das ist mein Kontakt mit meiner Familie.

Früher war ich sehr spontan, sehr offen. Jetzt bin ich skeptisch und mißtrauisch. Ich beobachte, ich höre zu. Vor Fremden spreche ich nicht, weil ich Angst habe. Ich rede nur noch mit meinen engsten Freunden. Und ich gehe keine Verbindungen mehr ein. Ich habe Angst. Einfach Angst. Ich will mit den anderen nichts mehr zu tun haben. Man weiß nie. Man weiß nie, wer einen vielleicht verrät. Aber es gibt noch andere Gründe: Ich habe Angst, daß sie sterben, und daß ich dann wieder trauern werde. Das ist vielleicht idiotisch, aber wir sind gezwungen, uns zu schützen, sonst werden wir verrückt. Wir haben schon zu viel verloren, zu viele Freunde: Die, die ins Exil gegangen sind, und die, die für immer von uns gegangen sind. Ich will keinen Freund mehr betrauern. Ich will keine Überraschungen mehr erleben.

Ich schminke mich, denn das Schminken ist für mich ein Akt des Widerstands: Ich bin da, und ich lache. Für mich ist das Schminken ein Zeichen des Lebens, der Gesundheit. Wenn ich mich morgens schminke, lege ich ein bißchen Puder auf oder ich parfümiere mich am Hals. Und dann rieche ich nicht das Parfüm, ich habe den Geruch von Blut in der Nase. Ich frage mich: Wird man mir heute die Kehle durchschneiden? Und wenn ich mich kämme, frage ich mich:

Wann werden sie mir eine Kugel durch den Kopf jagen? Und wird es hier sein? An der Schläfe? Oder an der Stirn? Durch den Hinterkopf? Im Spiegel sehe ich dann nicht mehr mein Bild, sondern ich sehe etwas anderes: Ich sehe den Schrecken. Den Schrecken, den Schrecken, den Schrecken. Deshalb meide ich den Spiegel. Es ist nicht der Tod, der Angst macht, es ist ihr Todesritual. Es ist ein Ritual des Mordens. Du lebst noch, und sie halten das Totengebet vor dir. Sie schaufeln dir dein Grab, und du schaust zu. Das ist ihre Strategie des Schreckens. Und dann vergewaltigen sie dich, einer nach dem anderen, um sicher zu gehen, daß du nicht ins Paradies kommst, denn sie glauben, daß eine Jungfrau ins Paradies kommt. Es ist nicht der Tod, der mir Angst macht. Sterben, das ist nichts. Aber das Ritual macht Angst, das hält kein Mensch aus. Manchmal vergesse ich das alles und ich schminke mich, aber manchmal sind diese Bilder plötzlich da. Ich höre sofort auf und gehe zur Arbeit. Das ist ein Traum: mich zu schminken, ohne daß diese Bilder auftauchen.

Ich habe mich eine Zeitlang mit den Berichten der Sicherheitskräfte beschäftigt, weil ich für die politische Seite geschrieben habe. Die Berichte der Sicherheitskräfte, das heißt: die Toten, die Friedhöfe. Das bedeutet: die Toten exhumieren und sie mit den eigenen Händen forttragen. Die enthaupteten Köpfe aufheben und in einen Sack tun. Nach weiteren Opfern suchen – diese ganze Mischung. Man ist nicht mehr Journalist, man ist Teilnehmer. Wir sind nur noch Kriegsreporter. Da war der Fall von der Familie Bordou, und nach diesem Fall mußte ich mich etwas erholen. Die Familie lebte dreißig Kilometer von Algier entfernt, in der Gegend von Boufarik, und eines Abends kam eine Gruppe von sieben oder neun Terroristen und hat die Mädchen verlangt, Saida und Zuaida, die fünfzehn und einundzwanzig Jahre alt waren. Die Mutter hat sich gewehrt, sie hat geschrien und gekämpft – vergeblich. Schließlich haben sie den Vater und den Sohn an einen Ort gebracht, und die Mutter mit den Töchtern an einen anderen. Die Sicherheitskräfte haben uns über den Fall informiert, und wir haben gewartet, weil wir der Sache nachgehen müssen, um zu überprüfen, wer die Familie nun tatsächlich entführt hat. Wir haben zwei Wochen gewartet, und dann hat mich die Polizei eines Morgens angerufen und gesagt:

»Wir haben die beiden Mädchen gefunden. Enthauptet auf der Straße nach Blida.« Ich bin hingefahren. Sie waren schön, sehr schön,
noch im Tod und sogar enthauptet. Sie hatten ihre Nachthemden
an. Sie hatten sich geweigert, im Namen Gottes vergewaltigt zu
werden. Es war eine schreckliche Szene: die Köpfe, das Blut, überall
Blut ... Drei Wochen später hat die Polizei angerufen und gesagt:
»Wir haben wahrscheinlich den Ort gefunden, wo die Mutter vergraben ist.« Ich bin mit einem Kollegen zur Gendarmerie von Blida
gefahren, und die Gendarme haben zu uns gesagt: »Wir haben einen Terroristen im Alter von 25 Jahren gefunden, der sagt, er habe
bei der kollektiven Vergewaltigung mitgemacht.« Die Mädchen sei-
en von 15 Männern vergewaltigt worden. Und als die Mutter gesehen hat, wie ihre Töchter litten – das hat der Terrorist alles erzählt,
ich erfinde das nicht –, ist sie verrückt geworden. Dann haben sie
auch die Mutter vergewaltigt, eine Frau von 59 Jahren, wirklich eine
alte Frau, denn in diesen ländlichen Regionen ist das Leben hart
und die Menschen altern schnell. Der Mann hat gesagt: »Ich habe
sie selbst vergraben, ich weiß, wo sie ist.« Gut, wir sind also losge-
fahren, und die Gendarmen haben gesagt: »Wenn es wahr ist, könnt
ihr das veröffentlichen, wenn es nicht wahr ist, ist es, als wären wir
uns nie begegnet.« Wir sind in einem Fahrzeugkonvoi gefahren,
weil sie Angst vor einer Falle hatten. Dann sind wir in einem Oran-
genhain angekommen. Es war wirklich ein schöner Ort. Der Staats-
anwalt war da, der Gerichtsmediziner, wir Journalisten und die
Gendarmen. Sie haben angefangen zu graben, und der Terrorist
stand daneben. Dann haben wir eine blaue Decke gesehen, die voller Blut war. Ich bin hinuntergestiegen. Es hat fürchterlich gestun-
ken. Ich werde diesen Geruch nie vergessen. Ich bin hinuntergestiegen, weil der Gendarm über Funk weitergegeben hatte: »Wir haben
den Körper gefunden, er ist intakt.« »Nein«, habe ich gesagt, »er ist
nicht intakt, überzeugen Sie sich!« Und ich bin in das Grab gestiegen. Sie hatte keinen Kopf mehr, ich habe mit meinem Stift gegra-
ben. Sie hatten ihr die Haut abgezogen, und ihr Gesicht war verbrannt. Ich habe das mit meinen eigenen Augen gesehen. Ihr Zu-
stand war schrecklich. Alle haben sich übergeben. Einer der Gendarmen hat geweint, und ich habe gesagt: »Was? Ein Militär, der
weint?« Er weinte, er ist zusammengebrochen, weil er seine Mutter

vor sich gesehen hat. Und auch ich hatte meine Mutter vor Augen. Ich bin nach Algier zurückgekommen und zusammengebrochen. Ich bin zum Arzt gegangen, und der hat mir chronische Angstzustände attestiert wegen all dem, was ich gesehen habe. Und er hat gesagt: »Sie brauchen jetzt viel Ruhe.« – »Wo soll ich die finden?« habe ich gefragt.

Meine Freunde haben mich nach Frankreich gebracht, und dort bin ich neun Tage lang geblieben. Alles kam wieder hoch, diese ganzen Bilder. Und ich hing die ganze Zeit am Telefon, weil ich im Fernsehen immer wieder die Photos von Freunden gesehen habe, die umgebracht worden waren. Ich konnte das nicht mehr aushalten, ich konnte nicht mehr bleiben.

Der Journalismus glaubt nicht an Grenzen. Es gibt keine Grenzen und keine Landesfahnen, ich jedenfalls glaube nicht daran. Ich glaube nur an eins, das ist die Pressefreiheit, und hier lassen wir uns für diese Pressefreiheit massakrieren. Sie ist von beiden Seiten bedroht: von der Regierung und von den Islamisten. Es gibt einen Erlaß, wonach wir keine Informationen weitergeben dürfen, die die Sicherheitslage betreffen, außer, wenn wir sie von den betroffenen Diensten erhalten haben. Dadurch soll der Öffentlichkeit vorgegaukelt werden, daß sich die Lage beruhigt hätte. Die Regierung spricht von einem »Restterrorismus«, aber was soll das heißen? Doch wir schaffen es trotzdem, über Attentate zu berichten. In den meisten Fällen kann das Regime nichts gegen uns unternehmen, weil es nicht homogen, sondern in Clans gespalten ist. Ein Clan will um jeden Preis die Versöhnung mit den Islamisten, und ein anderer Clan will um jeden Preis einen Rechtsstaat. Der Islamismus geht quer durch die Gesellschaft: Er hat bei dem Volk angefangen und ist bei den obersten Führungskräften angekommen. Sie können es nicht zugeben, aber sie haben ihr Interesse am Terrorismus. Deshalb sagt man: Die Kommandanten des Verbrechens sitzen ganz oben. Sie gehören zur politischen und wirtschaftlichen Spitze. Man darf sich nicht täuschen: Der Islamismus steht nicht in Opposition zum Regime, er ist ein Teil des Regimes. Deshalb muß man beide anklagen, denn der eine fördert den anderen.

Und die Zensur, also offen gesagt: Für mich gibt es keinen großen Unterschied zwischen solchen Dekreten und dem Mord. Wenn jemand lebt, aber sich nicht mehr ausdrücken darf, dann ist er so gut wie tot. Er vegetiert nur noch. Er trinkt, er weint – das ist alles. Der Tod durch Kugeln oder durch Messer ist die schärfste Form der Zensur. Die endgültige Zensur. In gewisser Weise ist der Tod sogar barmherziger als die Zensur, denn er gibt ewige Ruhe. Aber etwas sagen zu wollen und nicht zu dürfen – das ist der ewige Kampf.

Ich hasse die Sicherheitskräfte, ich hasse das Militär, ich hasse jede grüne Uniform. Aber in einer Situation wie der unsrigen muß sich der Staat den Luxus erlauben, Gewalt anzuwenden. Sonst ist er verloren.

Ich bin so weit gekommen, daß ich an Gott glaube, obwohl ich ungläubig bin. Es passiert mir, daß ich sage: »Mein Gott, mach, daß es nicht geschieht.« »Mein Gott«, obwohl ich nicht glaube. Obwohl ich Atheistin bin, Rationalistin, und ein bißchen Wissenschaftlerin.

Es gibt Momente, in denen ich nicht mehr kann und in denen ich sage: Ich verlasse dieses Land. Ich habe nichts mehr zu verlieren, ich gehe. Aber das sagt sich leicht, und dann komme ich wieder zur Vernunft und ich sage mir: Wenn ich gehe, werde ich schreiben können? Und angenommen, ich könnte noch schreiben – über was könnte ich schreiben? Und an wen würde ich mich wenden? Ich wäre nicht mehr als eine Fußnote. Es gäbe für mich keine Leserschaft mehr. Außerdem würde ich mich schuldig fühlen, weil ich gegangen bin, und damit hätte ich die moralische Befriedigung über meinen Beruf verloren. Und ich würde mich selbst hier zurücklassen. Ich bin hier geboren, ich bin hier groß geworden, ich habe hier geliebt und geweint und gespielt, ich habe hier gefeiert – ich würde einen Teil meiner inneren Welt zurücklassen, wenn ich wegginge. Für was für ein Leben? Es stimmt, daß ich ruhig schlafen könnte. Es stimmt, daß ich wandern könnte – ich träume davon, zu wandern. Ich verlasse Algerien manchmal, um über unsere Situation zu informieren oder weil ich von Freunden und Kollegen eingeladen werde. Und ich hasse es, zurückzukommen, das spüre ich immer stärker. Weil ich Angst habe, daß etwas passiert. Weil ich Angst habe, jemanden zu verlieren. Weil ich Angst habe, daß wieder eine Schule niedergebrannt wird. Weil ich Angst habe, daß sie meine Familie angreifen – weil ich Angst habe. Wegen dieser Angst finde ich selbst im Ausland keinen Frieden. Und: Ich mag es nicht, wenn man mich zu etwas zwingt. Weil ich unter Zwang ginge, bleibe ich hier. Wenn es in Algerien wieder ruhiger ist – kann sein, daß ich mir dann ein anderes Land aussuche, denn hier erinnert mich zu vieles an den Schrecken. Aber ich werde erst gehen, wenn ich aus freien Stücken gehe. Und dann muß man auch sehen, wie wir in der Welt aufgenommen werden. Man muß bedenken, wie viele Länder uns die Tür vor der Nase zuschlagen. Und wenn mir jemand die Tür vor der Nase zuschlägt – ich würde niemals anklopfen.

Eines Tages würde ich gerne über all das schreiben, und vor allem deshalb möche ich gerne leben. Das ist die große Richtung. Und dann die kleinen Ziele. Das Familienleben wieder lernen, denn die Unsicherheit tut weh. Die Unruhe ist schwer auszuhalten. Keinen festen Punkt zu haben, keinen Halt. Ich würde gerne wieder ein normales Leben führen: abends nach Hause kommen, ohne mich nach rechts und links umzudrehen. Ich würde gerne wieder über andere Dinge schreiben. Ich würde gerne über Frauen schreiben, denen das Altern schwerfällt. Ich möchte nicht mehr über Mädchen schreiben, die in der Blüte ihres Lebens umgebracht werden. Und über Mütter schreiben, die Freudentränen weinen, weil ihr Kind aus dem Ausland nach Hause zurückgekehrt ist, oder weil ihre Tochter ein Kind geboren hat. Ich möchte nie wieder über eine Mutter berichten, die weint, weil sie ihre ermordete Tochter beklagt oder ihren Sohn. Ich möchte mich beim Schreiben nicht mehr selbst zensieren, denn im Moment kann man für alles einen Prozeß an den Hals kriegen. Ich würde gerne wieder die Hochzeiten meiner Freunde feiern. Ich möchte nicht mehr an ihren Beerdigungen teilnehmen. Ich würde gerne Freundschaften schließen, ohne Angst zu haben. Ich will mich nicht mehr verstecken müssen. Ich würde gerne mit meinem Freund zusammenleben. Ich will mich nicht mehr um ihn sorgen müssen, wenn er sich um ein paar Minuten verspätet. Ich würde gerne ruhig schlafen. Ich möchte mit der Unruhe Schluß machen und mit dem Warten. Dem Warten auf den Tod. Mit all dem möchte ich gerne aufhören. Ich möchte gerne altern. Ich würde das Alter gerne kennenlernen, die Freuden und das Leid des Alters. Ich würde gerne leben. Im weitesten Sinne des Wortes. Leben. Punkt.

Malika Laichour Filmemacherin

»Elle pour memoire«, »Der Frau zum Gedenken« heißt Malika Laichours Hommage an die algerischen Frauen. Der Film wurde in 1996 in Algier, Augsburg und Berlin und weiteren europäischen Städten gezeigt. Die 36jährige Regisseurin arbeitet in ihrer Heimat seit 1992 als Bildjournalistin auch für europäische Fernsehanstalten (u.a. das ZDF). Nach ihrem Studium in Paris und einem Praktikum in Belgien kehrte sie 1992 in ihre Heimat zurück – zu einer Zeit, als viele Künstler und Intellektuelle die Flucht ergriffen.

Ich hatte noch eine Rechnung mit mir offen. Denn wenn man als algerische Studentin im Ausland ist, wenn man Tochter einer Familie ist, die für die Unabhängigkeit des Landes gekämpft hat, dann neigt man zu so großartigen Phrasen wie: »Ich liebe mein Land, ich bin Patriotin, ich verehre Algerien.« Und ich habe mir gesagt: Beweise das! Das war vielleicht ein bißchen unreif, aber ich habe mir gesagt: Wenn ich dieses Land liebe, dann muß ich auch seinen Schmerz teilen.

Ich bin zurückkommen, um Filme zu machen, und ich habe lange studiert, um Filme machen zu können. Aber ich kam in ein Land, in dem das fast unmöglich ist: es fehlt Technik, man ist bedroht, und in der gegenwärtigen Situation zum Beispiel einen Liebesfilm zu machen – das wäre einfach nicht angemessen. Also habe ich meinen Beruf ganz in den Dienst meines Landes gestellt. Als ich zurückkam, hat mich der Widerstand der Frauen gegen den Fundamentalismus sehr beeindruckt, und um selbst etwas dazu beizutragen, wollte ich die Situation des Landes analysieren und dabei die Frauen und ihren Widerstand in den Mittelpunkt stellen: die Frauen, die heute kämpfen, und die Frauen, die im Unabhängigkeitskrieg gekämpft haben. Es ist vor allem ein Film gegen das Vergessen, das macht der Titel deutlich: »Elle pour memoire«, ihr zum Gedenken. Aber er soll nicht nur verhindern, daß die Frauen vergessen werden, er wendet sich auch gegen das Vergessen der Geschichte dieses Landes und dieses Volkes, das bereits seit einigen Jahren eine Tragödie erlebt. Ich wollte außerdem, daß man im Ausland nicht nur die Gewalt in Algerien zur Kenntnis nimmt. Was verbinden Ausländer heute mit Algerien? Für viele ist es nur noch ein großes, bedauernswertes Land, in dem es Terrorismus gibt, in dem Frauen die Kehle durchgeschnitten wird, in dem man Kinder oder Journalisten tötet. Aber trotz allem: Algerien ist mehr als das. Es ist nicht der Fehler der Ausländer, daß sie dieses Bild haben. Ich habe immer gesagt, daß es Aufgabe der Algerier wäre, ihre Geschichte im Ausland bekannt zu machen und sie selbst zu schreiben. Und in aller Bescheidenheit: Mein Beitrag ist, daß ich versucht habe, ein anderes Bild von Algerien zu vermitteln. Es stimmt, daß mein Film vom Terrorismus erzählt, er erzählt vom Fundamentalismus. Aber er erzählt auch von ganz alltäglichen Frauen, von Frauen früherer Zeiten, die man vergessen hat. Das heißt, die Algerierinnen haben Vorbilder in ihrer eigenen Geschichte, sie haben es nicht nötig, anderswo nach Vorbildern zu suchen. Man spricht in Algerien so oft von dem Problem unserer Identität. Ich treffe häufig auf junge Menschen, die ihre eigene Geschichte nicht kennen, und ich weiß, daß dadurch viel Verwirrung entsteht. Also suchen sie ihre Helden anderswo: in Filmen – vor allem in Filmen aus den USA –, im Ausland. Aber so richtig paßt das nicht, denn es ist eine andere Kultur. »Rambo« ist ja gut und schön, aber er gehört nicht zu unserer Geschichte. Und ich bin begeistert, wenn ich junge Mädchen und Jungen sehe, die aufgewühlt sind, weil sie entdecken, daß wir selber unsere Helden hatten – und haben! Helden des Alltags. Und sie selbst sind solche Helden des Alltags geworden: weil sie weiterleben, weil sie weiter zur Schule gehen, weil sie weiter zur Universität gehen, weil sie weiter zur Arbeit gehen. Das ist auf jeden Fall ein Akt des Widerstands, aber für mich ist das fast schon eine Heldentat. Vor allem die Frauen haben einen Mut, der mich wirklich aufgewühlt hat. Ich habe mir gesagt: Als Frau muß ich etwas beitragen und mich an dem Kampf der Frauen beteiligen. Ich wollte den Widerstand der Frauen zeigen, den es ja gibt. Ich habe ihn nicht erfunden, ich habe ihn selbst erlebt: Ich habe die Frauen auf der Straße gesehen, ich habe gesehen, daß sie zur Arbeit gingen – ich habe sie überall gesehen, überall. Obwohl sie tödlich bedroht sind, gehen sie immer noch aus dem Haus, sie gehen weiter einkaufen, sie gehen weiter zur Arbeit, sie heiraten und bekommen Kinder.

Ich bin jetzt seit drei Jahren Bildreporterin, aber für mich ist das nicht mehr als eine Erfahrung, ich könnte keinen Beruf daraus machen – ich bin keine Journalistin. Ich habe meine Arbeit als Bildreporterin schon jetzt teuer bezahlt, denn ich habe viel von meiner Sensibilität eingebüßt, und deshalb glaube ich, daß ich diesen Beruf bald aufgeben werde. Aber ich will noch eine Weile durchhalten, denn als ich noch im Ausland war, habe ich gesehen, daß es vor allem Ausländer waren, die das Bild von Algerien konstruiert haben, und meine europäischen Freunde haben mich immer wieder gefragt: »Ist das deine Heimat? Das ist ja schrecklich!« Sie können sich leicht vorstellen, daß ich hier meine Kamera aufgebaut habe, sobald ich die Gelegenheit dazu hatte. Ich habe den Leuten das Wort gegeben, die dieses Land lieben und die kluge Sachen zu sagen haben. Und ich habe versucht, so objektiv wie möglich zu sein. So haben wir angefangen, die Nachrichten für die Europäer zu machen, die selbst nicht mehr kommen konnten. Aber es war auch an der Zeit, daß die Algerier selbst über ihr Land berichten. Daß wir das jetzt tun, tröstet mich ein bißchen. Denn was den Spaß an der Arbeit angeht, muß ich ehrlich sagen: Ich habe wenig Spaß daran. Ich bin es leid, den Schrecken zu filmen. Ich bin es leid, Bomben zu filmen, ich bin es leid, Menschen zu filmen, die Angst haben. Und ich bin es leid, den Leuten mit der Kamera Angst zu machen. Ich bin mit zwei oder drei Kollegen unterwegs, die Mikros und eine Kamera bei sich haben, und die Leute fliehen vor uns, als käme der Tod auf sie zu.

Es ist nicht einfach, Interviews zu bekommen. Es gibt natürlich einige Leute, die bereitwillig auch vor der Kamera sprechen, zum Beispiel Journalisten oder die Repräsentanten von Organisationen und Stiftungen. Aber auch unter ihnen gibt es einige, die schon Interviews abgelehnt haben, zum Beispiel Chefredakteure von Zeitungen. Viele Gesprächspartner bitten mich, sie ein bißchen zu anonymisieren – entweder, weil sie in Stadtvierteln wohnen, die sehr unsicher sind, oder weil sie im Untergrund leben. Ich lasse meine Gesprächspartner immer selbst entscheiden, wie sehr sie mit ihrer Person in die Öffentlichkeit gehen wollen: ob ihr Gesicht erkennbar sein darf, ob wir ihre Stimme verzerren sollen. Ich lehne solche Bitten nie ab, denn die Anonymität kann das Überleben bedeuten, und es gibt keinen Grund, den Terroristen einen roten Teppich auszulegen.

Worunter ich wirklich leide, das sind die »letzten Interviews«, wie ich das nenne: Wenn ich die letzte war, die mit einem Menschen ein Interview gemacht hat, ehe er ermordet wurde. Das ist etwas, was mich noch lange verfolgen wird. Manche von ihnen kannte ich vor dem Interview kaum, jedenfalls nicht gut genug, um direkt mit ihnen arbeiten zu können. Wir haben uns dann mehrfach verabredet, wir haben zusammen gegessen, wir haben zusammen gefeiert – und dann habe ich sie nie wiedergesehen. Wenn das passiert, sehe ich mir nachher die Bilder noch einmal an, und ich sage mir: Voilà, das waren Menschen, die kluge Dinge gesagt haben, die intelligent und mutig waren, und die vielleicht nur deshalb ermordet worden sind. Zwei oder drei Mal habe ich Menschen interviewt, die schon vor längerer Zeit eine Morddrohung erhalten hatten. Sie hatten deshalb zwar bestimmte Vorsichtsmaßnahmen getroffen, aber sie waren ihren Mördern natürlich unterlegen. So etwas sind schreckliche Momente. Das sind Momente, in denen ich alles hinschmeißen möchte.

Ich bin nicht bewaffnet und ich habe keine Eskorte, denn ich möchte meinen Beruf so normal wie möglich ausüben. Manchmal frage ich mich allerdings: Lohnt es sich, dafür zu sterben, daß man ein paar Bilder macht? Ich glaube nicht, daß sich das lohnt. Ich schaffe es glücklicherweise, die Angst vor dem Tod bei der Arbeit zu vergessen, denn sonst könnte ich nicht arbeiten. Das ist ein ganz natürlicher Mechanismus. Bevor ich losfahre, habe ich Angst, weil ich mir denke: Sie werden mich sicherlich sehen, denn als Frau falle ich noch mehr auf als die Männer in meinem Team. Aber ob Frau oder Mann – während wir draußen arbeiten, haben sie in jedem Fall genug Zeit, um uns genau zu beobachten. Ich habe schon an alles mögliche gedacht: mir die Haare zu schneiden, einen Helm aufzusetzen, eine Sonnenbrille zu tragen, mich wie ein Mann anzuziehen. Das klingt vielleicht lächerlich, aber wenn es helfen würde – warum nicht?

Am Drehort denke ich nicht mehr daran, weil ich so mit der Arbeit beschäftigt bin, daß ich die Angst vergesse. Erst wenn wir im Auto zurückfahren, ist die Angst wieder da und bleibt dann einige

Tage. Schließlich kommen immer ein paar Freunde, die sagen: »Ich habe dich da und da gesehen, als du gefilmt hast, nachdem die Bombe explodiert ist.« Dann denke ich mir: Wenn sie mich in der Menge so leicht erkannt haben, werden mich andere auch erkannt haben.

Wir sind mißtrauisch geworden: unseren Nachbarn gegenüber und der Jugend. Ich hätte nie gedacht, daß wir eines Tages vor der Jugend Angst haben würden, denn normalerweise sieht man bei uns junge Menschen gern. Aber wenn heutzutage ein sehr junger Mensch über die Straße schlendert, dabei die Hände in den Taschen hat und auf dich zukommt, dann macht das Angst. Es kann sein, daß man vor Panik völlig ausflippt.

Es gab Momente, da hat mich die Angst regelrecht paralysiert: weil mir jemand auf der Autobahn gefolgt ist, weil mich jemand eine Sekunde zu lange angeguckt hat, weil jemand gesagt hat: »Ich habe dich schon mal gesehen, aber ich weiß nicht mehr wo.« Schließlich habe ich mir gesagt: Es ist doch im Grunde ganz einfach: Solange ich in Algerien bleibe, muß ich arbeiten, und wenn ich das nicht mehr aushalte, gehe ich. Danach habe ich mich besser gefühlt, weil ich einfach nur noch das getan habe, wofür ich mich entschieden hatte: Ich bin geblieben und habe gearbeitet.

Ich weiß noch nicht, wie viel ich aushalte, aber wenn ich meine Grenzen überschreiten muß, dann höre ich auf. Dann wechsle ich meinen Beruf, oder ich verlasse das Land. Aber die Angst vor dem Tod habe ich überwunden. Ich glaube, das liegt einfach in der menschlichen Psyche: Ab einem bestimmten Moment tritt Wut an die Stelle der Angst – jedenfalls war das bei mir so. 1993 und 1994 waren finstere Jahre, ich war voller Panik. Du hast Angst, weil du nichts getan hast – du hast Angst, unschuldig zu sterben. Es ist eine fast kindliche Angst – ich weiß nicht, wie ich das sonst nennen soll.

Früher hatten wir hier alle ein bißchen Angst vor dem Tod, so wie jeder – schließlich ist es nicht sehr angenehm, an das Sterben zu denken. Man denkt nur selten konkret daran, obwohl wir wissen, daß wir eines Tages alle an der Reihe sein werden. Aber hier in Algerien sind wir so weit, daß uns nur noch die konkreten Fragen interessieren: Wie werden sie uns töten? Wir sitzen im Freundeskreis zusammen, und plötzlich sagt jemand: »Hoffentlich töten sie

uns mit einer Kugel. Hoffentlich werden wir nicht vergewaltigt.«
Ich glaube, es gibt hier inzwischen keine Frau mehr, die Angst
davor hat, erschossen zu werden – vielleicht übertreibe ich ein bißchen, aber ich bin davon überzeugt. Die Leute haben keine Angst
mehr vor dem Tod in einem abstrakten Sinn; vielleicht ist das ein
Zeichen für eine tiefe psychische Verwirrung. Aber wie auch immer, wir fragen uns nur noch: Wie? Wie werden sie mich töten?
Werden sie mir die Kehle durchschneiden? Werden sie mich vergewaltigen? Enthaupten?

Deshalb bedaure ich manchmal, daß ich eine Frau bin, denn die
Angst vor einer Vergewaltigung habe ich noch nicht überwunden.
Ich kann diese Gedanken an keiner Straßensperre unterdrücken,
selbst wenn es tatsächlich eine Kontrolle von Polizei und Militär ist
und keine Falle der Terroristen. Aber man weiß es ja nie vorher, und
deshalb sind diese Gedanken sofort da: Vergewaltigt zu werden
und die Kehle durchgeschnitten zu bekommen. Irgendwo an den
Straßenrand geworfen zu werden. Mir fallen dann diejenigen ein,
die die Köpfe ihrer Angehörigen ohne Körper beerdigen mußten,
oder die Körper ohne Köpfe. Die die Leichenteile ihrer Töchter oder
Schwestern zusammensammeln mußten. Davor haben wir heute
Angst, nicht mehr vor dem Tod. Aber – um dieses Thema abzu-
schließen – an die Stelle der Angst ist die Wut getreten, und die Wut
ist eine gute Sache.

Durch meine Erziehung habe ich einen großen Respekt vor dem
Widerstandskampf. Meine unmittelbaren Vorbilder sind mein Vater und meine Mutter: Mein Vater hat im Befreiungskrieg gekämpft,
meine Mutter hat Waffen geschmuggelt. Es gibt mir viel Kraft, daß
sie dazu fähig waren, denn ich sage mir: Wenn sie das ausgehalten
und geschafft haben, müssen wir heute auch vieles schaffen – obwohl der Kampf ein anderer ist. Mein Vater hatte Waffen, ich habe
keine, und ich will auch keine haben. Aber es gibt noch eine andere
Form des Widerstands: Ich versuche zu leben, ich mache meine
Arbeit weiter, ich gehe mit einer Kamera auf die Straße. Das ist für
mich in gewisser Weise mein Befreiungskampf. Vor kurzem hat
mein Vater noch zu mir gesagt: »Was machst du hier? Geh zurück
nach Europa, es lohnt sich nicht, hier zu sterben. Geh zurück und
lebe.« Ich habe geantwortet: »Ich kann nicht woanders leben. Und

du bist doch auch davongekommen, du warst erst 19 Jahre alt.« Aber er hat gesagt: »Nein, das jetzt ist etwas anderes.« Und damit hat er recht. Früher gab es ein Ideal, und die Dinge waren klar: Auf der einen Seite waren die Franzosen, auf der anderen Seite die Algerier, die sich verteidigt haben. Es gab keine ideologischen Zweifel, und der Feind war schon äußerlich leicht zu erkennen. Heute ist das schwieriger. Der Tod kann durch einen Freund kommen oder durch einen Nachbarn – es ist auf jeden Fall kein Fremder. Für die Leute aus der Generation meines Vaters ist das wohl das schlimmste: daß die Algerier sich untereinander umbringen. Deshalb mag mein Vater den Vergleich mit früher nicht, und er hat auch recht, es ist tatsächlich etwas anderes: Mein Vater hatte ein Feindbild, ich habe keins. Ich habe nur das Gefühl einer Gefahr. Wenn ich früher meinen Vater gefragt habe: »Was hast du während des Befreiungskrieges gemacht?«, dann hat er gesagt: »Ich habe gekämpft.« Wenn ich mal Kinder habe und sie mich fragen: »Was hast du in den 90er Jahren gemacht?«, werde ich sagen: »Ich war da. Ich habe Filme gemacht. Ich habe getan, was ich konnte. Ich habe gelebt, ich habe mit den Leuten geweint, ich habe Menschen ermutigt, und ich bin ermutigt worden.« Das alles macht nicht besonders viel Spaß, aber für mich ist das das Beste.

Zéhira Yahi Direktorin im Algerischen Radio

»Vivent les femmes« steht auf dem Sticker, den Zéhira Yahi trägt – eine Parole, die in der gegenwärtigen Situation auf bittere Weise wörtlich zu nehmen ist, auch wenn Zéhira Yahi das vermutlich nicht so meint. Einige Jahre lang war sie Chefin der dritten, französischsprachigen Welle des algerischen Radio, der »Chaine 3«. Seit 1994 ist sie Direktorin der Außenbeziehungen des Senders: Sie ist für alle internationalen, nationalen und regionalen Kontakte veranwortlich, ebenso für den internationalen Programmaustausch. Radio Algérienne ist Mitglied in der Union der afrikanischen Radios und in der Union der arabischen Sender. Zéhira Yahi hat einige Zeit in Paris gearbeitet und kehrte 1992 nach Algerien zurück.

Einige Monate, nachdem Boudiaf[1] ermordet worden ist, bin ich aus Paris zurückgekehrt. Das Klima war zu der Zeit gespannt, aber noch nicht so extrem wie kurz danach. Ich war damals in Paris und eines Tages bekam ich einen Anruf: »Wir rufen Sie an, weil wir Sie für die Direktion der Chaine 3 brauchen.« Also habe ich diesen Posten übernommen, und ich habe viel dabei gelernt. Drei Wochen, nachdem ich zurückgekommen bin, hat es angefangen, wirklich ernst zu werden. Trotzdem ist es ist mir nie in den Sinn gekommen, Algerien wieder zu verlassen. Ich habe viel Pflichtbewußtsein, und ich schulde dem algerischen Staat viel – nicht dem heutigen Regime, sondern dem Staat, der Nation. Ich schulde Algerien all das, was ich heute bin: Eine Frau von 42 Jahren, die studieren konnte, die Diplome hat und die auf einem führenden Posten in einem staatlichen Unternehmen arbeitet, dem algerischen Radio. Natürlich habe ich selbst dazu beigetragen, es war nicht einfach, und ich habe dafür gekämpft.

Ich bin die Tochter eines Lehrers, und meine Großeltern hatten denselben Beruf. Ich komme also aus einem Milieu, in dem man die Schule, die Bildung und die Kultur immer geschätzt hat. Aber meine Eltern waren nie reich, und heute, als Rentner, sind sie es umso weniger. Natürlich hat mir meine Familie bestimmte Werte vermittelt, aber es war noch mehr die Schule. Dort habe ich gelernt, daß ich eine Bürgerin bin. Daß ich Bürgerrechte habe und Bürgerpflichten – Pflichten gegenüber mir selbst, gegenüber meinen Nachbarn, gegenüber meinen Mitbürgern, gegenüber unserer Nation. Selbst wenn mir das nicht bewußt war, hat mich das sehr geprägt.

Journalistin bin ich eher zufällig geworden. Ich war Studentin, ich habe Psychologie und Pädagogik studiert, und ich hatte damals keine Lust mehr, finanziell von meinen Eltern abhängig zu sein.

---

1 Der ehemalige Partisan aus dem Unabhängigkeitskrieg gegen Frankreich wurde nach dem Abbruch der Wahlen 1992 von den Militärs aus seinem langjährigen marokkanischen Exil zurückgeholt und zum Präsidenten ernannt. Mohammed Boudiaf galt als integrer Politiker, dem es gelingen könnte, das Volk zu vereinen. Er forderte einen radikalen Bruch mit dem System und kritisierte auch das Militär. Am 29. Juni 1992 wurde er während einer Rede von einem seiner Leibwächter erschossen. Der Attentäter wurde 1995 als Einzeltäter verurteilt, doch die Hintergründe der Tat blieben weiter rätselhaft.

Dann habe ich jemanden getroffen, der mich gefragt hat, ob ich nicht Lust hätte, beim Radio zu arbeiten. Ich habe damals viel Radio gehört, aber ich wäre nie auf die Idee gekommen, beim Radio zu arbeiten. Ich bin also zum Radio gegangen, habe einen Test gemacht, und die Leute haben gesagt, daß das Ergebnis sehr gut war. Ich hatte dann eine Sendung, wo ich damals schon jede Woche 500 Hörerbriefe bekommen habe. So habe ich angefangen, einige Magazine zu machen, und ich bin durch diese Arbeit immer neugieriger geworden und habe Lust bekommen, mehr kennenzulernen. Ich bin viel gereist und habe Reportagen darüber gemacht. Meine große Leidenschaft ist Afrika, und ich glaube, Algerien interessiert sich zu wenig für die afrikanische Kultur. Danach habe ich über die Dritte Welt gearbeitet, vor allem über die Kultur aus der Dritten Welt. Und wenn sie zwanzig Jahre lang ausschließlich Radio machen, können Sie nichts anderes mehr machen. Ich war also 22 Jahre alt, als ich angefangen habe zu arbeiten. Und ich war sehr zufrieden, daß ich zu meinem Vater sagen konnte, wenn er mich genervt hat: »Ich habe mein eigenes Geld.« Beim Radio war das damals für eine Frau gar nicht so ungewöhnlich, vor allem nicht bei der Chaine 3, für die ich damals gearbeitet habe. Es kamen ebenso viele Männer wie Frauen von der Journalistenschule, und bei der Chaine 3 arbeiten insgesamt sogar mehr Frauen als Männer. Wir haben als Kollegen zusammengearbeitet, und ich habe nie irgendeine Form von Sexismus erlebt. Später ist das anders geworden, denn wenn man eine Führungsposition hat, ist das etwas anderes, da sind Frauen noch eine Ausnahme – aber das ist auf der ganzen Welt so. Ich war als zweite Frau Direktorin bei der Chaine 3, und damals war auch eine Direktorin bei der Chaine 2, der arabischsprachigen Welle.

Ich liebe meine Arbeit, deshalb verbringe ich eigentlich den ganzen Tag im Büro, etwa zehn oder zwölf Stunden. Allerdings nicht nur, weil ich gerne arbeite, sondern auch, weil ich mich im Büro sicher fühle. Die gefährlichsten Momente sind die, wenn man das Haus verläßt und nach zu Hause zurückkommt. Also ist es sicherer, nicht regelmäßig an dieselben Orte zu gehen. Ich schlafe zwar nicht jede Nacht woanders, aber ich wechsle sehr oft. Wenn man sich an einen Ort zu sehr gewöhnt, wenn man jeden Tag dasselbe macht, verliert man an Wachsamkeit. Es ist fatal, wenn man jeden Tag zur gleichen Zeit denselben Weg geht – das hat irgendwann Folgen. Ich will es ihnen wenigstens so schwer wie möglich machen. Aber ich weiß auch: Wenn ein Terrorist jemanden töten will, kriegt er ihn auch. Es ist ein ungleicher Kampf: Sie sind unbekannt, bewaffnet und verstecken sich irgendwo. Wir sind bekannt, weil wir zum öffentlichen Leben gehören. Wir sind nicht bewaffnet, und oft leben wir an Orten, die jeder kennt. Es ist also ganz klar, daß sie uns am Ende kriegen werden. Aber wenn sie mich erst in zwei oder drei Jahren kriegen, dann habe ich zwei oder drei Jahre gewonnen. Deshalb muß man seine Gewohnheiten ändern, wenn man kann – denn einfach ist das nicht.

Der Alltag ist anstrengend. Es gab Zeiten, in denen ich meine Freunde nur noch auf Beerdigungen getroffen habe, denn während der Attentatswelle im Frühjahr 1993 sind sehr viele aus unserem Freundeskreis kurz hintereinander ermordet worden sind. In solchen Zeiten verläßt du das Haus nur noch, um zu einer Beerdigung zu gehen. Es ist klar, daß es dir dabei nicht gut geht.

Außerdem habe ich keinen Ort mehr, an dem ich mich erholen könnte. Das macht die Sache für uns noch schwerer: Wir schlafen irgendwie und nicht sehr komfortabel, aber am morgen muß man im Büro wieder frisch sein. Unsere Situation, das ist unser Privatleben, unsere Angelegenheit, man kann das in den Alltag nicht integrieren, denn das Leben in diesem Land geht weiter, die Arbeit geht weiter, alle Institutionen funktionieren. Wir müssen also so tun, als ob es uns gut ginge, als ob wir nachts ruhig schlafen würden, als ob wir uns jeden Tag waschen könnten, als ob wir uns nicht ständig fragen würden, wo wir uns erholen können. Ich wohne bei Freunden, aber es nicht einfach, immer wieder jemanden zu finden, bei dem ich untertauchen kann. Viele meiner Freunde haben Familie. Es gibt zwar einige ohne Familie, aber von denen wohnen manche in wirklich gefährlichen Stadtvierteln. Bisher habe ich immer noch einen Unterschlupf gefunden, denn ich habe das Glück, viele Freunde zu haben und eine Familie, aber das ist nicht bei allen so. Es gibt auch Kollegen, die keine Freunde haben, oder deren Freunde sie nicht aufnehmen können, weil ihre Wohungen zu klein sind. In Algerien ist die Wohnungsnot groß, und wenn drei oder vier Leute in einem Zimmer wohnen, gibt es natürlich Spannungen.

Ich habe drei Orte, an denen ich wohnen kann, und an jedem Ort habe ich einen Pyjama, eine Zahnbürste, eine Zahndusche und ein Buch. Ich habe in den verschiedenen Wohnungen unterschiedliche Bücher. Ich lese Krimis, wenn ich abends nach der Arbeit keine Lust mehr habe, etwas Ernsthaftes zu lesen, und ich habe ein sehr gutes Buch über den Mittelmeerraum – ich arbeite im Moment viel über den Mittelmeerraum. Ich schminke mich nicht, deshalb brauche ich außerdem nur noch eine Bürste und einen Kamm, und das habe ich in der Handtasche. An Kleidungsstücken habe ich eine Hose und ein Sweatshirt. Das ist leicht zu waschen und macht nicht viel Aufwand, deshalb ist auch die Frage der Kleidung kein Problem. Es hängt allerdings auch von den Jahreszeiten ab: Im Sommer ist es einfacher, im Winter habe ich zusätzlich noch eine Jacke, und in meiner Handtasche habe ich einen Regenschirm. Fertig.

Ich hatte sehr große Angst vor dem Tod, ich hatte unglaubliche Angst vor dem Tod. Aber ich habe viel über den Tod nachgedacht, viel vom Tod geträumt und viel über den Tod gesprochen. Und ich bin an dem Punkt angekommen, daß ich mir sage: Wenn ich sterbe, dann möchte ich lieber durch Kugeln sterben, als daß sie mir die Kehle durchschneiden. Und ich habe noch weitergedacht, und schließlich habe ich mir gesagt: Selbst wenn sie mir die Kehle durchschneiden – wie lange dauert das, bis man stirbt? Es dauert einige Minuten, bis man verblutet ist. Mehr ist es in Wirklichkeit nicht. Und irgendwann habe ich mir dann gesagt: Gut, wenn ich sterbe, dann sterbe ich. Das heißt nicht, daß ich aufhöre zu kämpfen, aber alles wird relativ. Man wird ruhiger. Natürlich hat jeder Angst davor, gefoltert zu werden, aber das ist etwas anderes. Vielicht sollte ich eine Kapsel mit Zyanid bei mir tragen, die ich im letzten Moment schlucken könnte, aber so weit bin ich noch nicht. Kurz: Jeder hat seine Mechanismen, wie er sich gegen den Tod verteidigt.

Ich weiß nicht, ob ich stark bin, aber ich zwinge mich um der anderen Willen dazu, es zu sein. Ich glaube, daß die Aufgabe, die Funktion, den Menschen formt. Wenn man eine führende Position hat, muß man sich entsprechend verhalten, das habe ich als Direktorin der Chaine 3 an mir selbst erfahren: Ich habe nie an mich gedacht, sondern nur an die Journalisten; ich habe sie »meine Journalisten« genannt. Ich hatte solche Sorgen um sie, daß ich nicht mehr an mich denken konnte. Das habe ich beibehalten. Und man muß sich auch schützen: Ich habe unglaublich viele Freunde verloren, und wenn du jedes Mal zuläßt, daß du völlig in der Trauer versinkst und das ganze Ausmaß der Leere spürst, die jeder von ihnen hinterläßt – dann ist es vorbei. Du kannst nur weitermachen, wenn du etwas findest, was dich schützt; für mich sind das der Verstand und die Wut, denn ich habe die Trauer durch Wut ersetzt. Ich kann schließlich nicht heulend in die Redaktion kommen und sagen: »Der und der ist tot.« Ich komme an und sage: »Der und der ist tot, aber das Leben geht weiter.« Manche Leute sagen, ich hätte kein Herz, und es gab vielleicht tatsächlich Momente, in denen ich herzlos war, denn ich lasse mich inzwischen viel mehr durch den Kopf leiten als früher. Ich habe nicht weniger Gefühl als früher, aber ich brauche den Verstand als Schutz, um zu überleben. Ich bin viel härter geworden, und das ist nicht nur eine schlimme, sondern auch eine interessante Erfahrung. Die Dinge bekommen eine andere Bedeutung, materielle Dinge zum Beispiel – wenn es ums Überleben geht, hat das keine Bedeutung mehr. Existentiell werden die Momente, die man mit Freunden verbracht hat. Wenn wir einen Abend lang zusammen waren, wissen wir, daß es in diesem Kreis vielleicht der letzte war. Ich bin mit vielen Journalisten befreundet, und wir wissen: Vielleicht sind einige von den anderen morgen nicht mehr da, vielleicht lebe ich selbst nicht mehr. Wir sprechen das nicht aus, aber wir fühlen es alle.

Wir lieben Algerien viel mehr als früher. Früher hatte ich folgende Theorie: Jeder hat ein Geburtsland, aber eigentlich gehört uns die ganze Welt. Man kann problemlos woanders leben, und ich selbst habe das jahrelang gemacht. Ich wollte immer gerne in Spanien leben und sterben, denn ich liebe Spanien, für mich ist das ein sehr arabisches Land. Aber jetzt, wo man uns unsere Heimat nehmen will, bleibe ich hier und passe auf.

Ich werfe keinen Stein auf die, die gegangen sind – jeder reagiert auf seine Weise. Manche Leute sind geflohen, weil sie Kinder haben, und wenn ich selbst welche hätte, wäre ich vielleicht auch schon im Exil. Außerdem gibt es Menschen, die nervös sind und es gar nicht aushalten würden, so wie wir jeden Abend an einem anderen Ort zu schlafen. Leute, die ihre festen Gewohnheiten haben und vielleicht schon körperlich zerbrechlicher sind als ich. Die ein solches Leben psychisch und physisch nicht aushalten würden, oder die vielleicht ein oder zwei Jahre Ruhe brauchen, um dann zurückzukommen. Ich verdamme diejenigen, die gegangen sind, nicht, ich sage nur: Wenn man kann, sollte man hier kämpfen. Ich werde den Fundamentalisten Algerien nicht überlassen.

Ich bin nicht verheiratet. Wenn ich in jemanden verliebt bin, gehe ich mit ihm aus, und wenn wir genug voneinander haben, trennen wir uns wieder – und das ist gut so. Ich bin aus Überzeugung ledig. Ich vermeide es, mich an jemanden zu binden, vor allem in einer Gesellschaft wie der unsrigen, wo das bestimmte Pflichten mit sich bringt. Deshalb ist es mir nie in den Sinn gekommen, zu heiraten. Mir geht es gut dabei, und ich wehre mich dagegen, daß man mich ein »altes Mädchen« nennt, denn so werden ledige Frauen bei uns genannt. Wissen Sie, wenn man keine anderen Argumente mehr gegen eine Frau hat – und das ist nicht nur in Algerien so, das ist im ganzen Mittelmeerraum so –, dann sagt man, sie sei eine Nutte – ich entschuldige mich für den Ausdruck, aber so ist es. Man sucht im Privatleben nach etwas, was man der Frau vorwerfen kann. Ich sage nicht, daß ich absolut »sauber« gelebt habe, nein, jeder macht die Erfahrungen, die er gerne machen möchte. Ich habe Glück, daß ich alleine lebe, aber dieses Glück haben wenige: Viele müssen bei ihren Familien bleiben. Es ist wahr, daß ein Studium den Frauen eher ermöglicht, finanziell unabhängig zu sein, und wenn sie alleine wohnen, können sie ihr Leben führen, wie sie wollen. Dann ruinieren sie nicht gleich den Ruf der ganzen Familie, sobald sie eine Beziehung haben. Ich habe genug davon, daß man uns mit einer Moral kommt, die nur für die Frauen gilt – vor allem dann, wenn man das mit dem Islam erklärt, denn das ist ein verlogenes Argument. Ich will, daß man nicht länger sagt, die freien Frauen seien unmoralisch. »Frei«, das meint eine Menge: frei im Umgang mit ihrem Körper, frei im Ausdruck, frei im Verhalten. Frei in ihrem Leben.

Ich glaube an Gott, aber die Religionen haben mich nie überzeugt. Ich glaube an den Menschen. Vor allem nach den Erfahrungen, die ich hier in Algerien gemacht habe, und ich erzähle Ihnen auch, warum: Dort, wo ich wohne, hat sich langsam ein ziviler

Widerstand gebildet. Anfangs haben Nachbarn oft ihre Nachbarn denunziert, aber das Verhalten hat sich enorm geändert. Anfangs haben viele noch gesagt: Na ja, es war bestimmt ein Demokrat, oder eine Frau, die keine Moral hatte, weil sie kurze Röcke trug – irgendeinen Grund wird es schon gehabt haben, wenn jemand umgebracht wurde. Man hat gedacht, daß nur die Linken bedroht sein, die Demokraten und die Frankophonen. Und natürlich die Sicherheitskräfte. Aber dann wurden auch verschleierte Frauen ermordet. Imame wurden ermordet. Gläubige, die aus den Moscheen kamen. Und jedes Opfer hat eine Familie und eine Nachbarschaft, die sich vorher nicht betroffen gefühlt haben und sich plötzlich betroffen fühlen: Weil die Nachbarin, die man gerne mochte, ermordet wurde, und weil sie außerdem eine Mutter war, die den Schleier trug und der man nichts vorwerfen konnte. Oder die Tochter der Nachbarin wurde bei einem Bombenattentat getötet. Je mehr Attentate, desto mehr Leute sind gegen den Fundamentalismus. Und heute gibt es Millionen von Leuten, die ein Ende des Terrorismus wollen. Es gibt da eine unglaubliche Veränderung, weil sich niemand mehr unbeteiligt fühlen kann. Selbst Mitglieder der FIS sind ermordet worden. Heute kann es jeden treffen. Jetzt haben sich meine Nachbarn organisiert. Wenn ein fremdes Auto im Viertel ist, ein fremdes Gesicht, dann warnen sie mich. An solche Dinge habe ich früher nie gedacht, aber es entwickelt sich eine Solidarität, und deshalb glaube ich an den Menschen. Wenn die Situation am schlimmsten ist, wächst der Mensch über sich hinaus.

Ich habe meinen Posten an der Spitze der Chaine 3 nicht freiwillig aufgegeben, sondern ich bin dazu gezwungen worden. Das muß ich ein bißchen erklären. Ich habe die Direktion der Außenbeziehungen übernommen, als die großen terroristischen Aktivitäten anfingen – das war kurz vor der Bombe am Flughafen, dem ersten großen Attentat, da gab es viele Opfer und viel Zerstörung; das war Ende August 1992. Ich gehöre zu den Leuten, die verlangen, daß die Fundamentalisten bekämpft werden. Man nennt uns die »éradicateurs«, die Ausrotter. Ich mag den Begriff nicht, aber gut, auf jeden Fall: Ich diskutiere nicht mit ihnen, ich habe keine Lust, in einer islamischen Republik zu leben, ich möchte in einem demokratischen, freien Land leben, in einem Land der Toleranz, in dem jeder gewaltlos seine Meinung sagt. So wie es vor der fundamentalistischen Bewegung war. Algerien war immer ein muslimisches Land, und wir hatten damit keine Probleme – es war trotzdem das erste arabische Land, in dem freie, demokratische Wahlen stattgefunden haben. Wenn du beten wolltest, hast du gebetet, wenn du nicht beten wolltest, hast du es gelassen. Wenn du den Ramadan einhalten wolltest, hast du gefastet – das war eine private Angelegenheit. Und plötzlich haben sie angefangen, die Religion zu politisieren, und sie wollen uns durch Mord und Terrorismus eine islamische Republik aufzwingen. Damals hatte das Regime beschlossen, einen Dialog mit der fundamentalistischen Bewegung zu führen, und ich hätte diesen Dialog nicht so positiv darstellen können wie jemand, der von dieser Entscheidung überzeugt ist. Also war ich in diesem Moment auf dem Posten nicht die Person, die sie brauchten. So wurde ich Direktorin der Außenbeziehungen.

Ich respektiere es, wenn der Staat sagt: Ich will den Terrorismus mit allen Mitteln bekämpfen. Mit allen Mitteln, das heißt: militärisch, durch eine Verbesserung der wirtschaftlichen Lage und durch den politischen Dialog. Das mag seine Berechtigung haben, aber es ist nicht meine Überzeugung. Ein Dialog, das heißt für mich: Jeder hat in diesem Land seinen Platz. Aber es kann nicht heißen, daß man den Weg freimacht für Leute, die durch Gewalt an die Macht kommen wollen. Natürlich ist das Angebot der Regierung, einen Dialog zu führen, eine Karte, die man spielen muß. Wenn es hilft, die Leute zurückzugewinnen, die die FIS durch falsche Versprechungen rekrutiert hat, dann muß man das versuchen. Denn die FIS hat viel versprochen: Morgen, wenn wir eine islamische Republik errichtet haben, wird es allen gut gehen. In der islamischen Republik werden soziale Gerechtigkeit und Gleichheit herrschen. Ich weiß, daß das nicht funktionieren kann, denn die Realität ist schwierig in einem Entwicklungsland mit einem enormen Bevölkerungswachstum, in einem Land, in dem es zwar Rohstoffe gibt, aber kaum die Mittel, um sie nutzen zu können – Algerien ist sehr jung, das Land ist erst seit 34 Jahren unabhängig und hat es noch nicht geschafft, eine gewisse Lebensqualität für die ganze Bevölkerung zu entwickeln. Aber irgendwann wird es soweit sein. Und wenn man die Misere der Leute ausnutzt und ihnen verspricht, ihr Leben werde besser werden – natürlich ziehen sie dann mit. Das heißt, man muß weiter diskutieren, aber ohne Konzessionen an die Fundamentalisten. Der Dialog ist eine Sache, Konzessionen sind eine andere.

Ich versuche, realistisch zu sein. Ich träume von einem Algerien ohne Bärtige. Aber ich kann sie nicht erschießen, denn ich kann nicht sagen: Ich bin Demokratin, aber ich will diese Leute erschießen lassen. Sie sind da, sie sind Algerier. Ich kann hinzufügen: unglücklicherweise sind sie das, aber man muß damit umgehen können. Man muß in seinem Land Leute akzeptieren, die eine andere Meinung haben als man selbst. Aber was ich mir wünsche ist, daß diese Leute ihre Meinung nicht durch Gewalt verbreiten, sondern durch Wahlurnen und durch Abgeordnete. Ich wünsche mir, daß wir es schaffen, in Frieden zusammenzuleben, im Respekt vor dem anderen, ohne auf den Haß zurückzugreifen und darauf, den anderen verschwinden zu lassen – aber ich gebe zu, daß das schwierig ist. Und man muß vor allem verhindern, daß Generationen nachwachsen, die ihnen ähneln. Wir müssen anfangen, Bürger heranzubilden und keine Guerillakämpfer. Wir haben noch eine unglaubliche Aufgabe vor uns. Das wird lange dauern, und ich werde sicher tot sein, ehe wir so weit sind, aber ich bin optimistisch. Ich ärgere mich jeden Tag, und manchmal bin ich mutlos, aber gleichzeitig bin ich mir der Kapazitäten dieses Landes bewußt. Algerien ist ein reiches Land und hat vor allem menschliche Kapazitäten, deshalb weiß ich, daß sich die Situation ändern wird. Ich weiß das. Aber es wird lange dauern, und deshalb muß man daran glauben.

Salima Ghezali Chefredakteurin
der Wochenzeitung »La Nation«

»La Nation« gehört zu den unabhängigen algerischen Zeitungen, die am häufigsten von Zensurmaßnahmen betroffen sind. Im März 1996 wurde eine Ausgabe beschlagnahmt, die ein Dossier über »Algerien und die Menschenrechte« enthielt. Darin wurde nicht nur über die »abscheulichen Taten der bewaffneten islamischen Gruppen« berichtet, sondern auch über »die Brutalität der Staatsorgane (Polizei, Gendarmerie und Armee)«, auf die auch amnesty international immer wieder hinweist. Titel und Themen waren »Justiz in den Mühlen der Macht«, »Anschläge auf die Pressefreiheit«, Massaker in Gefängnissen und das »Verschwindenlassen« von Menschen. Das Dossier konnte zwar nicht in Algerien erscheinen, wurde aber in »Le monde diplomatique« auf französisch und deutsch publiziert. Das Gespräch mit der Chefredakteurin von »La Nation«, Salima Ghezali, fand im Frühjahr 1996 statt, kurz nachdem erneut die Auslieferung einer Ausgabe verhindert worden war. Der Fall ist exemplarisch für das Vorgehen der Zensurbehörde.

Es war jetzt das achte Mal, daß Seiten der Zeitung durch Männer in Uniform noch in der Druckerei beschlagnahmt worden sind – ohne gerichtliche Entscheidung oder auch nur eine offzielle Erklärung an die Zeitung, durch die die Beschlagnahmung gerechtfertigt worden wäre. Dieses Mal gab es allerdings ein Kommuniqué des Innenministeriums, von dem wir durch die staatliche Nachrichtenagentur erfahren haben. Darin wurden wir »der Apologie der terroristischen Verbrechen« beschuldigt, was völlig falsch ist, denn »La Nation« ist keine Zeitung, die Gewalt entschuldigt. Die redaktionelle Linie der Zeitung hat zum Ziel, eine friedliche, politische Lösung für die Krise zu fördern und auszuhandeln, eine Krise, die in unserem Land bis jetzt mehr als 50.000 Tote gefordert hat.

Die größten Probleme der Algerier sind heute natürlich die dramatische Wirtschaftskrise, aber vor allem und an erster Stelle der Krieg – und über diesen Krieg darf man in Algerien nicht schreiben. Es gibt ein Gesetz, wonach es verboten ist, Informationen über die Aktionen der Militärs oder der bewaffneten Fundamentalisten zu veröffentlichen, wenn sie nicht von den entsprechenden Sicherheits-organen bekannt gegeben worden sind. Wir haben dieses Verbot respektiert, wir haben nicht über Fakten gesprochen, wir haben eine politische Analyse geschrieben. Früher waren Analysen erlaubt, nur die journalistische Arbeit war verboten: Über Fakten zu berichten. Und heute wird uns auch noch verboten, politische Analysen zu veröffentlichen, in denen wir schreiben, daß die Option, die das Regime gewählt, keine gute ist. Das Klima ist also viel härter gewor-den als vor den Präsidentschaftswahlen von 1995.

Auf den Seiten, die jetzt beschlagnahmt wurden, standen ein Interview mit Ait Ahmed[1], ein Artikel über die Politik der Regie-rung, ein Bericht von amnesty international über Menschenrechts-verletzungen – und zwar nicht in Algerien, weil es verboten ist, darüber zu sprechen, sondern in Israel –, und ein Artikel über die Selbstverteidigungsgruppen, die »Patrioten«. Ich glaube, daß dieser Artikel die Wut des Innenministers ausgelöst hat, denn wir weisen in dem Bericht auf die Gefahr einer weiteren Militarisierung der Gesellschaft hin. Wir haben seit Gründung der Zeitung im Jahr 1992 eine friedliche, politische Lösung verteidigt, eine Verhandlungslö-sung. Man nennt uns die »réconciliateurs«, weil wir uns für die Versöhnung zwischen den verschiedenen politischen Gruppen in Algerien einsetzen, und für Verhandlungen auf demokratischer Grundlage mit Garantien dafür, daß die Gewalt von beiden Seiten beendet wird. Wir werden die Gewalt nie entschuldigen, von wel-cher Seite sie auch ausgeht, ob das der Staat ist, ob das die bewaff-neten Selbstverteidigungsgruppen sind oder die bewaffneten isla-mistischen Gruppen. Dieser Artikel hat also konkret vor den Gefah-ren einer Politik gewarnt, wie sie derzeit von der Regierung verfolgt wird: Gruppen von Bürgern zu bewaffnen und Milizen zu bilden. Wir sagen: Vorsicht! Wir verstehen sehr gut, daß sich Menschen,

---

1 Hocine Ait Ahmed gehörte während des Unabhängigkeitskrieges gegen Frank-reich zu der »Nationalen Befreiungsfront« (FLN). Nachdem Algerien unabhängig geworden war und die FLN die Macht übernommen hatte, trennte er sich von dem Regime und gründete die oppositionelle Berberfront FFS (»Front des Forces Socialistes«, »Front der Sozialistischen Kräfte«). Die FFS hat den Vertrag von Rom mit unterzeichnet und die Präsidentschaftswahlen von 1995 boykottiert. Ait Ahmed lebt im Schweizer Exil.

deren Leben und deren Besitz bedroht sind, verteidigen – aber wo ist der Staat? Der Staat ist als eine legale und anerkannte Institution mit allem ausgestattet, was nötig ist, um die Bürger zu verteidigen: mit einer Polizei, einer Armee und einer Gendarmerie[1]. Sie sind dafür verantwortlich, daß die Gesetze eingehalten werden. Wie kommt es also, daß die Bürger sich selbst überlassen werden und gezwungen sind, sich selbst zu verteidigen? Und: Es bekommen nicht alle Bürger Waffen, sondern nur bestimmte Gruppen. Wir glauben, daß das sehr gefährlich ist und den Prozeß der Militarisierung der Gesellschaft beschleunigt. Dadurch wird deutlich, daß sich das algerische Regime für eine militärische Lösung entschieden hat. Das Regime will diesen Krieg führen, statt sich für eine friedliche Lösung einzusetzen. Wir haben große Angst davor, daß sich daraus ein richtiger Bürgerkrieg entwickelt – auch wenn die Bürger bisher im allgemeinen sehr gut darauf reagiert haben und sich nicht so einfach militarisieren lassen. Das wurde bei den Präsidentschaftswahlen am 16. November 1995 sehr deutlich. Die Bürger, die damals befragt wurden, haben alle gesagt: »Wir wollen den Frieden.« Sie haben erwartet, daß der gewählte Präsident dem Land wieder Frieden und Sicherheit bringen würde. Sie wollten Verhandlungen zwischen den verschiedenen Protagonisten in diesem Konflikt. Aber dieser Wunsch nach Frieden wird von den Autoritäten leider nicht unterstützt, sie fördern im Gegenteil die Bewaffnung und Militarisierung der Gesellschaft. Das Risiko eines Bürgerkrieges wird immer größer.

Wenn wir »Dialog« sagen, meinen wir damit den Dialog mit allen politischen Gruppen, die Gewalt als Mittel ablehnen, um an die Macht zu kommen. Diese Bedingungen werden von den Unterzeichnern des Vertrages von Rom erfüllt. Viele Leute sagen: Man kann mit der FIS nicht verhandeln, weil die FIS die Demokratie nicht akzeptiert. Ja, die FIS ist eine gewalttätige Partei, das ist richtig. Aber die FIS ist auch ein Produkt der Gewalt, nämlich der Gewalt des Staates. Die FIS ist das Resultat einer Politik, die Freiheit und Meinungsäußerung unterdrückt hat – und jetzt dient die FIS dem Regime als Alibi, um dieselbe Politik fortführen zu können.

---

1 In Algerien eine paramilitärische Truppe.

Wir sagen: Es gibt Mitglieder der FIS, die die Gewalt ablehnen. Wieso nicht mit ihnen einen Dialog führen? Auch wenn die FIS als politische Partei gespalten ist, sind ihre Repräsentanten in der Gesellschaft verwurzelt, und die FIS ist Teilhaberin der Krise – man muß mit ihr sprechen. Ich glaube, daß uns diese Politik, die FIS vom Dialog auszuschließen, mehr als 50.000 Tote gekostet hat. Diese Politik hat ihre Grenzen und ihr Scheitern bewiesen. Es gibt zehntausende algerische Familien, die von der Gewalt in Algerien betroffen sind – auch wenn immer nur einzelne Fälle bekannt werden, die Fälle von Intellektuellen oder bekannten Persönlichkeiten. Aber es gibt zehntausende Tote, zehntausende politische Gefangene, es gibt zehntausende, die Angehörige verloren haben – sollen sie alle dem Weg des Hasses folgen? Der Islamist, der Familienmitglieder und Freunde verloren hat, und der Anhänger des Laizismus, der Familienmitglieder und Freunde verloren hat, sie werden sagen: »Ich werde niemals mit dem reden, der mir gegenüber steht« – wie lange sollen wir den Krieg noch fortführen? In diesen Krieg haben inzwischen alle Angehörige verloren. Alle Algerier haben unter der Gewalt gelitten, egal, welche politische Meinung sie haben. Die Menschen sind mehr als reif für den Frieden. Man kann nicht länger nur die Meinungen zulassen, die sich für den einen oder den anderen Terror aussprechen. Man darf nicht länger verhindern, daß sich Menschen für eine friedliche Lösung einsetzen.

Das Regime hat 1992 versprochen, den Dialog mit der Opposition aufzunehmen, aber ich glaube, daß es seitdem nie einen wirklichen Dialog gegeben hat. Was wir fordern, ist ein transparenter Dialog, über den die Öffentlichkeit informiert wird. Das stört das Regime, denn die Autoritäten haben in der Regel mit allen politischen Parteien heimlich verhandelt, vor allem mit den inhaftierten Führern der FIS. Wenn die Presse meldet, daß die Regierung mit der FIS verhandelt, wird das in der Regel dementiert. Aber einige Wochen oder Monate später gibt die Regierung bekannt, daß es einen Dialogversuch mit der FIS gegeben habe, der gescheitert sei. Also wissen wir nie genau, was wirklich vorgegangen ist, weil das alles Manöver hinter den Kulissen sind. Wir wollen aber keine geheimen Verhandlungen, wir sagen: Das ist ein Problem, das die ganze Gesellschaft betrifft. Es muß auf offener Bühne verhandelt werden, und dann werden wir sehen, wer den Krieg fortführen will, und wer mit einer Rückkehr zum Frieden einverstanden ist.

Es gibt innerhalb des Regime bestimmte Gruppen, die keine politische Lösung suchen, denn es gibt Geld zu verdienen – das ist ein offenes Geheimnis. Es ist wie in jedem Krieg: Natürlich profitiert eine Minderheit von der Situation. Geschäftsleute, die zu Milliardären geworden sind, seitdem der Krieg angefangen hat. Das sind Leute, die in geschützten Residenzen wohnen, die eine Leibwache haben und gepanzerte Autos, die Bankkonten im Ausland haben und von dem Krieg leben. Importgeschäfte aller Art waren noch nie so gewinnbringend wie heute. Die Algerier sterben zu Tausenden, aber die Händler machen Milliarden damit, Käse und Milch zu importieren. Es gibt eine organisierte Anarchie, um private Reichtümer anzuhäufen – Reichtümer, die nicht auf Investitionen und Arbeit basieren, sondern nur auf Handel und Korruption.

Weil die Regierung Informationen über die Sicherheitslage unterdrückt, wissen wir wenig über die tatsächliche Situation. Trotzdem merken die Bürger natürlich, daß die Gewalt weitergeht: Man kann den Lärm der Explosionen nicht verhindern, und jeden Tag gibt es Gefechte, gibt es Morde. Kurz: die Lage hat sich wirklich verschlechtert. Und alle, die geglaubt haben, daß Präsident Zéroual die Lösung bringen werde, müssen enttäuscht sein.

Wir arbeiten hier in einem »quartier chaud«[1], und natürlich haben wir Angst. Wir preisen jeden Tag, der vergeht, ohne daß wir ermordet werden. Finanziell können wir uns keine besonderen Sicherheitsvorkehrungen leisten, aber ich habe mich auch bewußt dagegen entschieden: Ich lehne es ab, vor meinem Volk Angst zu haben. Ich lehne es ab, vor der Realität Angst zu haben – sie ist da. Tausende sind bereits ermordet worden sind, und deshalb will ich nicht in einer Sicherheitszone leben, denn sie oder ich – das ist dasselbe. Ich will nicht in einem Ghetto leben. Ich will am Leben bleiben, das ist alles.

---

1 »Quartiers chauds«, »heiße Stadtviertel«, werden die verarmten und überbevölkerten Stadtteile genannt, die als Hochburgen der Islamisten gelten.

Öffentliche Präsenz und Widerstand

Frauen als Motor der Demokratiebewegung

Sie kämpfen gegen den Terror und für ihre Gleichberechtigung vor dem Gesetz, für die wirtschaftlichen und sozialen Rechte der Frauen oder für Reformen im Bildungswesen, und sie leisten soziale oder humanitäre Arbeit: Algerierinnen haben sich in Dutzenden von Assoziationen zusammengeschlossen, seit im Februar 1989 die neue algerische Verfassung verabschiedet wurde und das Vereinigungsverbot damit aufgehoben war.

Die algerische Frauenbewegung, die in den vergangenen Jahrzehnten unter dem Regime der Einheitspartei informell und illegal entstanden ist, wird durch die neuen Organisationen gefestigt – gleichzeitig aber durch den anhaltenden Terror geschwächt. Die Frauen der politischen Assoziationen gehören zu den entschiedensten Gegnern der Islamisten; ihr Leben ist entsprechend gefährdet. Einige der Assoziationen, Stiftungen und Vereine wurden in direkter Reaktion auf den Terror gegründet: um den gesellschaftlichen Widerstand dagegen zu organisieren, um die Angehörigen der Attentatsopfer zu unterstützen oder um die Arbeit der Ermordeten in Stiftungen fortzuführen.

Anissah Asselah Stiftung »Ahmed Asselah«

Militärs und Gendarmen sichern die Zufahrt zur Kunsthochschule von Algier. Uniformierte bewachen auch den Hof der Einrichtung, auf dem sich Studentinnen und Studenten, Künstler, Intellektuelle, Politiker und Politikerinnen drängen. Sie gedenken an diesem 5. März 1996 Ahmed Asselahs, des Direktors der Hochschule, der hier vor genau zwei Jahren ermordet wurde [siehe auch Interview mit Nadje auf Seite 25 bis 27]. Die Sicherheitskräfte sollen weitere Attentate verhindern. Inmitten der Menge steht eine schwarz gekleidete Frau sehr aufrecht und sehr gefaßt.

Ich bin Anissah Asselah, die Ehefrau – ich will nicht sagen die Witwe, obwohl ich es bin – von Ahmed Asselah, dem Direktor der Kunsthochschule von Algier, der am 5. März 1994 im Hof der Hochschule ermordet worden ist, zusammen mit unserem Sohn Rabbah, der hier im zweiten Jahr studiert hat.

Das war am 5. März, genau um 9 Uhr 15. Mein Mann ist zusammen mit unserem Sohn an der Hochschule angekommen und hat sein Auto auf dem Parkplatz abgestellt. Als er den Gang betreten hat, der zu seinem Büro führt, haben zwei junge Leute seinen Namen gerufen. Er hat sich umgedreht, und sie haben geschossen. Unser Sohn war schon zu seinen Freunden in eins der Ateliers gegangen. Als er die Schüsse gehört hat, war ihm sofort klar, daß sie seinem Vater galten, und er ist rausgelaufen, um ihn zu schützen. Rabbah hat einen der Terroristen festgehalten, aber leider waren sie ja zu zweit. Er hat der Sekretärin meines Mannes zugerufen: »Schnell, sie haben meinen Vater getötet, rufen Sie die Polizei, rufen Sie den Krankenwagen!« Die Terroristen haben dadurch gemerkt, daß sie den Sohn des Direktors vor sich haben, und sie haben auf ihn geschossen. Rabbah ist wenig später gestorben.

Ich war im Büro. Damals habe ich noch beim Gesundheitsministerium gearbeitet; seit jenem Tag arbeite ich nicht mehr. Ein Freund, der gegenüber der Kunsthochschule wohnt, rief mich an. Er hatte das Martinshorn gehört und gesehen, daß die Polizei zur Hochschule fuhr. Er hat gefragt: »Wird an der Hochschule gestreikt?« Ich habe gesagt: »Nein, warum?« Er hat gesagt: »Ich will dich nicht beunruhigen, aber ich habe gesehen, daß die Polizei zur Hochschule gefahren ist.« Es wurde nicht gestreikt, deshalb war mir im selben Moment klar, daß sie Ahmed umgebracht haben. Mein Freund hat gesagt: »Mach dir keine Sorgen, ich werde direkt hingehen, und dann rufe ich dich wieder an.« Ich habe aufgelegt und sofort die persönliche Nummer meines Mannes in der Hochschule gewählt. Sie war besetzt, weil die Leute über sein Telefon den Krankenwagen gerufen haben. Weil mein Mann diese Nummer kaum benutzt, wußte ich sofort, daß etwas Ungewöhnliches passiert ist. Das konnte nur heißen, daß sie ihn getötet haben. Meine Kollegen wollten mich beruhigen: »Mach dir keine Sorgen, nichts ist passiert.« Nach einer Viertelstunde, die mir sehr lang erschienen ist, hat endlich jemand den Hörer abgenommen, aber es war nicht Ahmed. Ich habe sofort verstanden und gefragt: »Ist es das?« – »Ja, das ist es, Madame.« Ich habe aufgelegt, und an die ersten Momente danach erinnere ich mich nicht. Meine Kollegen haben sich wohl um mich gekümmert.

Ich war nicht weit von der Hochschule entfernt, bin hingefahren und war eine Viertelstunde später da. Der Krankenwagen stand auf dem Hof. Als ich ankam, habe ich sofort nach unserem Sohn gefragt. Die Leute haben gesagt: »Mach dir keine Sorgen, wir haben Rabbah nach draußen gebracht.« Ich habe keine Minute lang gedacht, daß sie auch unseren Sohn ermordet haben könnten. Einige aus unserer Familie sind weinend zu mir gekommen. Ich erinnere mich daran, daß meine Schwester gesagt hat: »Du mußt dich beruhigen, Rabbah wird es nicht mögen, wenn du dich vor seinen ganzen Freunden so aufführst. Du mußt um deines Sohnes willen würdevoll und mutig sein.« Erst um vier Uhr nachmittags haben meine Angehörigen gewagt, mir zu sagen, daß sie auch unseren Sohn ermordet haben. Ich hatte die ganze Zeit gedacht, er sei verletzt, denn anders konnte ich mir nicht erklären, warum außer ihm alle da sind. Um vier Uhr wurden die beiden für die Totenwache nach Hause gebracht. Von diesem Moment an ist mein Leben zum Alptraum geworden.

Das, was mir passiert ist, vergißt man nicht so schnell: den einzigen Sohn zu verlieren und einen Gefährten, mit dem man das Leben 25

Jahre lang geteilt hat. Woher ich die Kraft habe, weiterzumachen? Es gab nur das – oder den Wahnsinn. Wahnsinnig zu werden oder zu sterben. Schließlich habe ich mir gesagt: Da ich nun einmal lebe, muß ich vielleicht so weitermachen, als ob die beiden noch am Leben wären. Außerdem haben mir die Freunde meines Sohnes geholfen, die Studenten. Eine Woche nach dem Attentat haben sie an der Kunsthochschule eine Generalversammlung abgehalten, und am 22. März gab es die bis dahin größte Demonstration der Algerierinnen gegen den Fundamentalismus – diese Demonstration ist von der Kunsthochschule ausgegangen.

40 Tage nach dem Attentat haben wir die Stiftung Asselah gegründet, mit der wir Künstler unterstützen. Zu verdanken ist das dem Engagement der Studenten: Sie hatten verstanden, daß die Islamisten meinen Mann als ein Symbol gesehen und ihn deshalb in der Kunsthochschule getötet haben, denn ein doppeltes Attentat in der Hochschule hätte eigentlich deren Schließung zur Folge haben müssen. Die Islamisten wollten offensichtlich ein Zeichen setzen und damit die Schließung der Hochschule erzwingen, denn sie hätten meinen Mann viel einfacher zu Hause ermorden können; wir wohnen in einem volkstümlichen Stadtviertel. Nach den Morden wurde tatsächlich drei Tage lang nicht unterrichtet, aber die Studenten sind trotzdem vor Ort geblieben. Sie haben die Hochschule besetzt und dadurch verhindert, daß sie geschlossen wird. Sie waren es auch, die mich motiviert haben, die Stiftung zu gründen.

Ich gehe völlig in der Stiftung auf. Ich bin da, ich arbeite den ganzen Tag, und ich habe keine Zeit, nachzudenken. Ich freue mich, wenn die Leute etwas über Ahmed und Rabbah hören wollen. Ich mache sie in gewisser Weise durch unsere Kulturveranstaltungen, Ausstellungen und Hommagen wieder lebendig, die hier und vor allem in Frankreich stattfinden. Wir haben dort kürzlich eine Wanderausstellung organisiert, an der sich 40 Kunsthochschulen im Mittelmeerraum beteiligt haben.

Durch die Kunst kann man Botschaften vermitteln, und die Botschaft ist sehr klar: Es geht um das Leben, die Zerstörung und die Hoffnung. Durch die Kunst kann man Hoffnung transportieren und dem Land seine Würde erhalten. Es gibt so etwas wie eine Mobilisierung der zivilen Gesellschaft. Wir haben zum Beispiel nicht nur die Stiftung Asselah, es gibt auch die Stiftung Boucebsi[1] und die Stiftung Alloula[2] – ja, die zivile Gesellschaft ist stärker als früher, wir haben gar keine andere Wahl mehr. Wir haben nur die Wahl zwischen Wahnsinn oder Widerstand. Die zivile Gesellschaft sagt nein zum Fundamentalismus. Sagt ja zum Leben, zur Hoffnung. Und ich? Um mich habe ich keine Angst. Überhaupt nicht. Ich sage mir jeden Tag: Mir kann nichts Schlimmeres mehr passieren als das, was mir passiert ist. Was ist das Leben jetzt, ohne sie? Aber ich habe Hoffnung; wenn ich die nicht mehr hätte, hätte ich schon aufgegeben. Die Situation in Algerien wird sich bessern, davon bin ich überzeugt.

Leila Boukli »Frauen in Kommunikation«

Die Hörfunk- und Fernsehjournalistin Leila Boukli ist seit 1992 Angestellte im Kultur- und Kommunikationsministerium. Davor war sie zwei Jahre lang Direktorin der französischsprachigen »Chaine 3«. Sie ist stellvertretende Vorsitzende der Assoziation »Frauen in Kommunikation« (»Femmes en Communication«), die anläßlich der UN-Frauenkonferenz in Peking 1995 gegründet wurde.

Ich gehörte in Algerien zu den ersten Journalistinnen, die im Fernsehen moderiert haben – das war zu einer Zeit, als sogar in Europa Moderatorinnen noch ungern gesehen waren. Wir sind damals gut angekommen. Was die Karriere von Journalistinnen anging, gab es nie Probleme: Wir bekamen gleichen Lohn für gleiche Arbeit, wir wurden genauso respektiert wie die Männer. Während ich Direkto-

---

1   Der Psychiater Mahfoud Boucebsi wurde am 15. Juni 1993 in seinem Auto erschossen, als er auf das Klinikgelände fahren wollte. Seine Witwe gründete die Stiftung.

2   Der Dramatiker, Regisseur und Theaterschauspieler Abdelkader Alloula wurde am 10. März 1994 von Attentätern auf offener Straße in Oran regelrecht exekutiert. Seine Witwe gründete die Stiftung.

rin der Chaine 3 war, habe ich immer gesagt: »Ich leite keine Geschlechter, ich leite Kompetenzen.« Ich erinnere mich an ein einziges Problem, das war zur Zeit des Krieges zwischen Iran und Irak. Während der letzten Angriffe gegen den Irak wollten auch einige Frauen zur Berichterstattung dorthin fahren, aber der Generaldirektor, der sehr paternalistisch war, hat gesagt: »Nein. Das sind Frauen, und dort herrscht Krieg.« Ich habe mir gesagt: Egal, sie haben den Beruf gewählt, sie kennen das Risiko – also warum nicht, wenn sie selbst die Gefahr nicht stört? Das ist vielleicht ein Problem: daß unsere Verantwortlichen und unsere Familien zu sehr versuchen, uns zu schützen. Es gibt noch ein weiteres Problem: Wir Journalistinnen arbeiten in einem Beruf, der immer von Männern ausgeführt wurde, und wir verlieren durch die Arbeit in diesem Milieu ein bißchen von unserer Weiblichkeit: Wir rauchen wie sie, wir reden wie sie, wir setzen uns wie sie auch auf die Tische. Aber bis jetzt kann ich nicht sagen, daß wir wirkliche Probleme gehabt hätten – einmal abgesehen von dem aktuellen Problem, das wir mit dem Terrorismus haben. Viele Journalistinnen und Journalisten sind umgebracht worden.

Wir haben diese Assoziation »Femmes en Communication« gegründet, um den Geist und das Genie der Frauen zu fördern. Um aus der Isolation herauszukommen und um eine Verbindung zwischen den Frauen herzustellen. Wir wollen ein Archiv gründen, um für die kommenden Generationen die Erinnerungen an das zu bewahren, was von Frauen und über Frauen gemacht worden ist. In Algerien kämpfen die Frauen zwar, aber was sie tun, gerät sehr schnell in Vergessenheit. Wir wollen deshalb einen Ort des Austausches schaffen, damit die einen erfahren, was die anderen tun.

Zunächst haben wir den Frauen vorgeschlagen, ein Bulletin über alle Aktivitäten der Frauenassoziationen zusammenzustellen. Das soll eine Synthese sein, die wir dann verteilen. Außerdem veranstalten wir Studientage, Seminare und Zusammenkünfte. Am 8. März haben wir zum Beispiel eine Veranstaltung organisiert. Dort haben Medizinerinnen über die Möglichkeiten der Prävention von Gebärmutterkrebs berichtet, außerdem gab es eine Konferenz zur Küche im Maghreb (schließlich sind wir trotz allem Frauen). Und zum Thema Poesie haben wir eine Konferenz gemacht. Wir wollten zeigen, daß die Frauen trotz allem, was geschieht, keine Angst haben, daß sie die Kraft haben, schöne Dinge zu schaffen. Wir haben im Kulturpalast eine Ausstellung organisiert und Malereien auf Leinwand und auf Seide gezeigt, außerdem Mode und eine Ausstellung von Fotografinnen. Alle möglichen Frauen sind gekommen: Hausfrauen und Autodidakten, aber auch Managerinnen und eine Herstellerin von Kosmetika, eine Architektin – alle. Zum Abschluß haben wir Musik gemacht und getanzt. Wir haben uns abreagiert. Wir wollten mit dieser Veranstaltung zeigen, daß die Frauen trotz des Horrors sogar in einem Bereich weiterarbeiten, in dem das sehr schwer ist: In der Kunst, und das ist schwer, weil es da Inspiration braucht. Die Kunst der Frauen hat sich in der letzten Zeit ohne Zweifel geändert. Ihre Arbeiten sind feiner geworden, technisch raffinierter. Die traditionellen Künste sind moderner geworden – es gibt eine positive Entwicklung. In dem, was ich im Kulturpalast an Malerei gesehen habe, habe ich den Schrecken, den wir erleben, nicht gefühlt. Ich habe nur Blumen und Schönheit gesehen – aber das ist vielleicht auch eine Form, den Schrecken zu bannen. Eine Flucht.

Ich schreibe auch, und was ich schreibe, macht mir Angst, denn es ist sehr hart geworden. Wenn ich nach Hause komme, muß ich schwarz auf weiß aufschreiben, was ich gesehen und erlebt habe, denn durch das Schreiben kann ich mich von dem befreien, was ich in mir trage. Trotzdem ist klar: Egal, ob wir Künstler sind, Journalisten oder normale Bürger – wenn das hier zu Ende ist, müssen wir alle erst wieder gesund werden. Psychologisch wird da viel zu tun sein, denn wir leben wirklich in einem Alptraum. Im Freundeskreis versuchen wir, uns gegenseitig zu unterstützen, egal, ob das nun Männer oder Frauen sind. Wir versuchen, einander zu helfen, wir telefonieren zum Beispiel oft miteinander. Ich gebe zu, daß das oft sehr schwer ist: Jemandem die Hand zu halten, der am Ende ist, der nicht mehr kann. Man tut sich selbst dabei Gewalt an, weil man dem Freund oder der Freundin, dem Bruder oder der Schwester nicht zeigen will, daß es einem selbst auch nicht gut geht. Ich bin eigentlich jemand, der gerne lacht und gerne Witze macht. Manchmal tue ich das immer noch, aber nur, um den anderen damit einen Gefallen zu tun. Ich muß mich dazu zwingen, denn in meinem

Innersten ist etwas zerstört worden, etwas Schönes ist verloren. Ich bin jetzt viel härter geworden – ich sage nicht reifer, denn das ist keine Frage der Reife –, aber das ist ganz natürlich bei den Umständen, in denen wir leben. Wir leben in einer Umgebung, die traurig macht, und wenn man sensibel ist, trägt man natürlich psychische Schäden davon. Deshalb ist eins der Ziele unserer Assoziation, einander dazu zu ermutigen, die Dinge auszusprechen. Zu reden. Uns aus der Isolation zu befreien. Wenn wir miteinander reden, wenn man sieht, daß andere arbeiteten, dann ermutigt das vielleicht diejenigen, die gerade von der Verzweiflung erschlagen werden.

Wir wollen den Frauen außerdem die Augen öffnen für ihre Rechte, denn schließlich leben wir in einem Land, in dem die Frauen als minderwertig gelten. Wir haben nichts gegen den Koran, wir sind alle Moslems, aber nehmen Sie zum Beispiel Tunesien, das ist auch ein moslemisches Land. Da haben sie es geschafft, die Probleme mit der Adoption, der Erbschaft, der Polygamie und dem rechtlichen Status der Frauen zu klären. Wenn sie das in Tunesien geschafft haben, dann müßten wir auch in der Lage sein, die Entwicklung dieser Dinge voranzutreiben. Man muß den Frauen erklären, daß die Ehe ein Vertrag ist, daß sie Rechte haben und daß unser Familiengesetz abgeschafft werden muß.

Im Büro unserer Assoziation sind natürlich viele Journalistinnen und Intellektuelle, aber insgesamt gibt es in den Assoziationen und bei den Demonstrationen auch viele Mütter und Hausfrauen. Viele von ihnen kommen zu uns, weil sie kommunizieren wollen. Wir hatten als moslemische Frauen immer unsere Orte der Kommunikation, zum Beispiel das türkische Bad, den Hammam. Dort haben sich die Frauen getroffen, um miteinander zu reden. Oder wenn die Frauen in den Bergen zum Brunnen gingen, um Wasser zu holen, dann haben sie sich am Brunnen auch getroffen, um miteinander zu sprechen. Sie können sich im Moment schlecht in einem Café treffen, deshalb versuchen wir, Treffen von Frauen zu organisieren. Die Hausfrauen bringen uns Intellektuellen oft noch etwas bei, zum Beispiel, was den Mut angeht.

Wenn die Islamisten uns Frauen töten, liegt das daran, daß wir sie stören. Deshalb ist die wichtigste Aufgabe der Frauen in der gegenwärtigen Situation, einfach zu existieren. Ansonsten haben wir dieselbe Rolle wie jeder Bürger. Männer und Frauen müssen Hand in Hand gehen, alle zusammen, denn die Situation unseres Landes geht uns alle an. Wir haben dieselben Feinde: die Fortschritts- und Bildungsfeindlichkeit, den Terrorismus. Für mich haben diese Leute, die morden, nichts mit dem Islam zu tun, absolut nichts, das ist sicher. Sekten gibt es auch im Westen; wir haben hier eine absonderliche Sekte, die dabei ist, das Volk zu massakrieren. Es ist, wie Marx gesagt hat: »Die Religion ist Opium für das Volk.« Die Anführer haben zum Teil eine höhere Bildung und sogar studiert, aber die Leute, die die Morde ausführen, sind meist ziemlich ungebildet. Die Religion wird instrumentalisiert, um Ziele zu erreichen, die ich nicht einmal benennen kann. Ich glaube, der Mensch ist das inhumanste Tier.

Was mich angeht, mir tun unsere Männer leid, denn auch sie leiden unter den gegenwärtigen Verhältnissen. Es kann nicht sehr glücklich machen, wenn man seine Freundin nicht an die Hand nehmen darf, wenn man nicht einfach zusammen in ein Café gehen kann, wenn man keine Beziehung haben kann, wie sie zwischen Männern und Frauen normal ist. Mir ist das dank meiner Erziehung erspart geblieben: Ich durfte mit meinen Freunden immer Händchen-haltend durch die Straßen gehen, ich hatte eine ganz normale Jugend. Aber die heutige Generation? Die Schule hat sich geändert, hat die Mentalität geändert. In Algerien gibt es etwas ziemlich ungewöhnliches, und das ein umgekehrter Generationenkonflikt. Im allgemeinen sind die jungen Leute viel offener – bei uns ist es andersrum. Oft ist es so, daß der Vater viel aufgeschlossener ist als der Sohn.

Wir haben noch einen weiten Weg vor uns, denn die zivile Gesellschaft ist in Algerien noch jung. Ich glaube, nur die zivile Gesellschaft kann die Krise in Algerien lösen, und aus genau diesem Grund wird jetzt auch die ganze Gesellschaft mit Bomben und Attentaten bedroht. Am Anfang haben sie nur bestimmte Berufsgruppen bedroht und umgebracht: die Polizisten, Journalisten und Künstler, denn diese Morde haben Aufsehen erregt. Aber ein Auto mit einer Bombe auf einem belebten Boulevard abzustellen und dadurch achtzig oder hundert oder vierzig Menschen umzubringen – das bedeutet doch, daß man die ganze Gesellschaft angreift, weil die ganze Gesellschaft Widerstand leistet. Wenn man das makabere Spiel mitspielt und untersucht, wen sie umgebracht haben, dann stellt man fest, daß natürlich viele Intellektuelle unter den Opfern sind, aber die meisten sind doch unbekannte Leute.

Daß in Algerien trotz des Terrorismus noch Schulen, Fabriken und Krankenhäuser funktionieren, daß überhaupt noch etwas funktioniert, daß das Leben in diesem Land nicht zum Stillstand gekommen ist – das verdankt Algerien dem zivilen Widerstand. Wenn du auf die Straße gehst, hast du nicht das Gefühl, daß die Situation irgendwie angespannt sei – und das ist übrigens auch das Gefährliche. Manchmal sagen wir uns: Kommt, wir gehen an den Strand, wir gehen ins Kino, wir gehen aus – wir vergessen einfach, was los ist. Es kann passieren – und es ist uns passiert –, daß wir dann genau da landen, wo eine Bombe hochgeht.

Man muß vor dem algerischen Volk den Hut ziehen, denn Algerien steht noch immer aufrecht. Wir lieben die schönen Dinge noch immer, wir glauben noch immer, wir schaffen und produzieren noch immer. So lange noch Hoffnung da ist, ist auch noch Leben.

Leila Chikhi »Unabhängige Assoziation für den Triumph der Rechte der Frauen«

Leila Chikhi ist Lehrerin und stellvertretende Vorsitzende der »Unabhängigen Assoziation für den Triumph der Rechte der Frauen« (AITDF), die 1990 gegründet wurde. Deren Ziel ist die Gleichberechtigung von Mann und Frau. Leila Chikhi arbeitet dort vor allem im Bereich des Erziehungswesens. Gleichzeitig ist die engagierte 45jährige Vorsitzende der »Assoziation zur Unterstützung und der Solidarität mit Familien der Opfer des Terrorismus«. Leila Chikhi unterrichtet zur Zeit nicht: Militante Islamisten hatten sie zunächst in der Schule und dann auch zu Hause aufgesucht und sie bedroht. Daraufhin hat die verheiratete Mutter ihren Beruf aufgegeben. Ihre Kinder hat sie ins Ausland geschickt.

Wir haben unsere Assoziation in Reaktion auf den Terrorismus gegründet, wobei man sagen muß, daß die offene Gewalt gegen Frauen schon viel früher angefangen hat als 1990. Die ersten Morde an Frauen wurden 1989 bekannt. Damals wurde die Gründung von Parteien erlaubt, und sobald die FIS legal geworden war, hat sie an den Universitäten ihre Aktionen gegen Frauen aufgenommen. Damals haben sich viele Studentinnen an uns gewandt, die vor allem aus der Gegend um Blida und Boufarik kamen. Sie kamen zu uns, um uns zu sagen: »Wir haben nicht mehr das Recht, auszugehen. Sie wollen uns« verbieten, aus dem Haus zu gehen.« Sogar hier in Algier gab es Schwierigkeiten im Studentenwohnheim für Mädchen der Universität. Militante Fundamentalisten haben den Frauen damals verboten, das Wohnheim nach 18 Uhr zu verlassen, und sie haben den Studentinnen verboten, an den studentischen Versammlungen teilzunehmen. Wenn die jungen Frauen trotzdem hingegangen sind, wurden sie körperlich angegriffen.

Ich betone das, denn wenn man über die Gewalt und den Terrorismus hier in Algerien spricht, werden sie immer wieder mit dem Abbruch der Wahlen von 1992 erklärt. Aber das stimmt so nicht, wir haben schon viel früher unter dem Terrorismus gelitten. Die Frauen haben übrigens schon damals mehrere Demonstrationen in Algier organisiert, um die Regierung zu warnen: »Vorsicht! Heute sind es nur die Frauen, aber wenn ihr die Fundamentalisten jetzt nicht stoppt, werden morgen alle betroffen sein.« Die Zukunft hat uns Recht gegeben.

Die FIS ist nicht aus dem Nichts aufgetaucht. Es gab schon seit Jahrzehnten eine fundamentalistische Bewegung, die unter dem Regime von Präsident Chadli[1] noch stärker geworden ist. Das war die Bewegung von Mustapha Bouyali, er war Führer der MIA, dem »Mouvement Islamique Armée«. Das waren Fundamentalisten, die die Regierung mit Waffengewalt übernehmen wollten.[2] Wenn wir schon von Fundamentalismus sprechen – den gab es auch im Herzen der Einheitspartei. Wenn man bestimmte Mitglieder der FLN sieht wie Monsieur Belkhadem[3] – das müssen Fundamentalisten sein. Der beste Beweis dafür ist für uns das Familienrecht: Nur Fundamentalisten können in der Lage sein, ein solches Gesetz zu entwerfen. Das ist ein Gesetz, das alle Rechte der Frauen verleugnet, und zwar selbst die elementarsten. Dieses Gesetz verpflichtet die Frau zum Gehorsam, die Polygamie ist erlaubt, und die Frau hat nur dann das Recht, sich zu verheiraten, wenn ihr Vormund zustimmt – selbst dann, wenn sie Ministerin ist oder Ärztin. Und sie

---

1 Chadli Benjedid, Staatspräsident seit 1978, wurde am 11. Januar 1992 vom Militär abgesetzt. Chadli hatte versucht, das Land wirtschaftlich zum Westen zu öffnen und neben der staatlichen Schwerindustrie auch das private Gewerbe gefördert. Unter seinem Regime blühte allerdings vor allem die Korruption. Chadli zählte zum islamistischen Flügel innerhalb der Einheitspartei und berief einige pro-islamistische Minister in sein Kabinett.

2 Moustafa Bouyali war Führer der ersten islamistischen Untergrundbewegung, der MIA (»Mouvement Islamique Armée«, »Bewaffnete Islamische Bewegung«), die er 1982 gründete. Die MIA verübte immer wieder spektakuläre Überfälle auf Polizeikommissariate oder Kasernen und eroberte sich dabei ihre Waffen. Der Ruf Bouyalis wurde vor allem bei den Jugendlichen legendär, weil er der starken militärischen Geheimpolizei lange Zeit überlegen schien. Ein Mitglied seiner Gruppe war Cheikh Mahfoud Nannah, der heutige Führer der als gemäßigt geltenden Hamas, inzwischen umbenannt in »Bewegung für eine Gesellschaft des Friedens«, MSP. 1987 wurde Bouyali von der sécurité militaire erschossen. Einige Mitglieder seiner Gruppe gründeten in den 90er Jahren die MIA neu, von der sich später die GIA abspaltete, die inzwischen als brutalste der islamistischen Untergrundgruppen gilt.

3 Abdelaziz Belkhadem war während der Umbruchphase zwischen 1988 und 1991 Präsident der Nationalversammlung; seine Sympathien für die islamistische Bewegung war ein offenes Geheimnis.

kann sich nicht scheiden lassen, das heißt sie kann sich nur in Fällen scheiden lassen, die kaum zu beweisen sind: Wenn der Mann impotent ist oder wenn er einen schweren Fehler begangen hat, der den Ruf der ganzen Familie schädigt. Aber beweisen Sie das mal. Der Mann dagegen braucht einfach nur zu sagen: »Ich will mich scheiden lassen.« Nach einer Scheidung stehen die Algerierinnen meistens auf der Straße. Dieses Recht ist 1984 verabschiedet worden, als Chadli an der Macht war.

In den Schulen werden die Kinder schon seit langem zur Gewalt erzogen – ich bin Lehrerin, ich weiß, wovon ich spreche. Vor 1980 gab es das Fach »nationale Erziehung« und außerdem gab es das Fach »religiöse Erziehung«. Den Schülern wurden religiöse Gebote vermittelt, die relativ allgemein gehalten waren und die man genauso bei Christen oder Juden findet: seinem Nächsten nichts Böses tun, nicht lügen usw. Einige Koranverse wurden natürlich auch gelehrt. Seit 1980 heißt das Fach nicht mehr »religiöse Erziehung«, sondern »islamische Erziehung«. Einige Lehrer wurden um eine Stellungnahme zu der Reform gebeten, und wir haben schon damals gewarnt. Wir haben gesagt: Diese Erziehung hat zum Ziel, einen islamischen Staat zu errichten. Später habe ich eine Studie gemacht zum Bild der Frau in den Schulbüchern. Ich habe die arabischsprachigen Bücher der Primarschule untersucht, also die Bücher für die erste bis sechste Klasse. Es gab nur drei Texte, in denen mal eine Frau gezeigt wurde, die außerhalb des Hauses arbeitet. Eine davon hat in einem Unternehmen gearbeitet, aber der Chef war ein Mann. Eine andere war Krankenschwester, aber der Arzt war ein Mann. Und die dritte war Friseuse. Ich habe die Untersuchung zusammen mit einer Kollegin gemacht, und ich habe sie gefragt: »Wie reagieren denn deine Schüler auf diese Texte?« Sie hat geantwortet: »Sie sagen zum Glück: Das ist nicht wie bei unserer Mutter, unsere Mutter arbeitet.« Ein Schüler hat gesagt: »Meine Mutter ist nicht Krankenschwester, sie ist leitende Ärztin am Krankenhaus.«
Und dann die Texte, die in den Büchern der ersten Klasse für den islamischen Unterricht verwendet werden! Uns hat man immer beigebracht, daß Gott gut und barmherzig ist, aber meine Tochter, die

jetzt in die École Fondamentale geht, kommt aus der Schule nach Hause und sagt: »Gott kann auch sehr böse sein, und er bestraft die Menschen.« Dann sage ich ihr: »Diesen Gott kenne ich nicht, ich kenne nur einen Gott, der verzeiht.« In der ersten und zweiten Klasse bringt man den Kindern das Totenritual bei, also Kindern, die sechs oder sieben Jahre alt ist. Man lehrt sie, wie man die Leiche wäscht, wie man sie in das Leichentuch wickelt, und natürlich werden so kleine Kinder dadurch in Angst versetzt. Schlimmer noch: Man bringt ihnen bei, daß sie in die Hölle kommen, wenn sie nicht die Gebote des Islam befolgen. Aber den Geboten was für eines Islam? Eines völlig rückständigen. Man beschreibt ihnen die Hölle im Detail. Eines Tages ist meine Tochter voller Panik nach Hause gekommen und hat gesagt: »Mama, du hast mir gesagt, daß Gott gut ist, aber wenn man sich weigert, seine Gesetze zu befolgen, wenn man sich weigert, Muslim zu werden, dann wird man in der Hölle aufgespießt.« Ich habe gesagt: »Kind, das ist nicht wahr. Wer hat dir das gesagt?« – »Meine Lehrerin«, hat sie geantwortet. Ich habe gesagt: »Das ist nicht wahr, ich werde morgen mit deiner Lehrerin sprechen. Gott vergibt dir.« Einmal kam sie aus der Schule und hat zu mir gesagt: »Mama, du betest nicht, und ich habe Angst um dich und Papa, denn wenn man nicht betet, wird man später, in der Hölle, sein Haupt auf verbrannte Erde senken müssen. Jedes Mal wird dabei ein Teil der Haut auf der Stirn verbrannt.« Ich bin zu der Lehrerin gegangen: »Hör auf, so etwas zu lehren! Hör auf, meine Tochter zu verstören, und wie viele andere Kinder verstörst du noch? Das ist nicht unser Gott, unser Gott ist gütig. Gott will, daß unsere Kinder religiös werden – aber zeige ihnen nicht diese Seiten der Religion!« Sie hat gesagt: »Das steht im Lehrplan.« Zu unserer Zeit bedeutete der Islam die Liebe zu Gott, heute bedeutet er die Angst vor Gott. Und wenn man die Furcht vor Gott lernt, ist man gezwungen, demjenigen zu folgen, der einem diese Angst beibringt. Das ist es, was mit unserer Jugend passiert ist, deshalb ist sie so leicht zu manipulieren. Deswegen sage ich: Das alles ist von langer Hand vorbereitet worden. Wenn es heute Gewalt gibt – diese Gewalttätigkeit ist unserer Jugend bewußt eingepflanzt worden.

1980 hat dann auch die Arabisierung angefangen, das heißt, der Unterricht wurde von Französisch auf Hocharabisch umgestellt, und das sollte sehr schnell gehen. Ich bin nicht gegen die Arabisierung, aber sie muß vernünftig gemacht werden. Die arabische Sprache ist zu einem Synonym für Gewalt und Rückschrittlichkeit geworden, weil sie nur noch von einer politischen Ideologie lebt, aber im Grunde ist sie etwas ganz anderes: eine Sprache der Kultur und Gelehrsamkeit. Als meine Tochter in der zweiten Klasse arabische Literatur hatte, hat man ihr nur religiöse Texte beigebracht, obwohl das Fach doch Literatur heißt. Sie hat in der Schule nie gelernt, was ein Roman ist, obwohl wir großartige Schriftsteller haben, die auf arabisch schreiben, und außerdem Schriftsteller von Weltruf, die auf Französisch schreiben. Man bräuchte sie nur zu übersetzen und könnte die Texte mit den Kindern dann auch im arabischen Literaturunterricht durchnehmen. Wir müßten unseren Kindern vermitteln, daß es in Algerien eine intellektuelle Produktionen gibt, daß wir eine Kultur haben, eine Geschichte. Aber wissen Sie, die Leute von der FLN waren so machtbesessen, daß sie unsere Geschichte verzerrt haben, um ihre Ziele zu erreichen. Wir haben zwei großartige Historiker, die die Schulgeschichtsbücher untersucht haben. Sie haben die marokkanischen und algerischen Geschichtsbücher miteinander verglichen und haben untersucht, wie viele Lektionen Algerien seiner eigenen Geschichte widmet, und wie viele es in Marokko sind. Wissen Sie, daß in Marokko mehr über die algerische Geschichte gelehrt wird, als in Algerien selbst? Das ist unglaublich, oder nicht? Das heißt doch, daß die Kinder am Ende ihre Wurzeln nicht kennen. Dabei war die nationale Identität *das* Argument für die Arabisierung, aber sie meinen mit der »nationalen Identität« eine Kopie des Orient, eine Kopie Saudi Arabiens – das ist ihre »nationale Identität«.

Damit verwirren sie die Kinder, die in der Pubertät sowieso auf der Suche nach ihrer Identität sind, nur noch mehr. 1990 haben wir das Ergebnis davon gesehen: In den Straßen von Algier haben Schüler demonstriert, und sie haben dabei die Fahne von Saudi-Arabien hochgehalten. Das hat mir das Herz zerrissen, obwohl ich als Lehrerin nicht einmal schockiert war: Ich wußte ja, aus was für Schulen sie kommen. Sie kennen ihre Geschichte nicht.

Dabei glaube ich nicht, daß es bei der Frage nach unserer Identität darum geht, ob wir nun eine »westliche« oder eine »arabische« Identität haben. Ich glaube zum Beispiel, daß sich diejenigen unter den Demokraten irren, die sagen, daß die Demokratie aus dem Westen kommt. Ich habe den Islam studiert, und ich glaube, daß der Orient und der Okzident nur einen anderen Begriff für dieselbe Sache geprägt haben. Man wirft uns Demokraten immer vor, daß wir »verwestlicht« seien, weil wir die Demokratie wollen, aber das ist nicht wahr. Wir brauchen uns gar nicht an der westlichen Kultur zu orientieren, denn wir haben unsere algerische Identität, wir haben unsere Geschichte, und auch eine Geschichte der Demokratie.

Das nächste Problem ist die Qualität der Schulen. Nach der École Fondamentale schaffen nur 45 Prozent der Schüler den Übergang auf die höhere Schule, 55 Prozent stehen auf der Straße. Eigentlich soll sich an die École Fondamentale eine berufliche Ausbildung anschließen, so steht es auf dem Papier. Aber die Praxis sah immer anders aus: Von den 55 Prozent, die von der Schule gehen, bekommen vielleicht fünf Prozent einen Platz in einer Berufsschule, und das nur, weil ihre Eltern gute Verbindungen haben. Und was passiert mit den übrigen 50 Prozent? Wissen Sie, was Chadli gemacht hat? Er hat landesweit genau 11.000 Moscheen bauen lassen, die er Imamen vom Schlag eines Ali Belhadj[1] in die Hände gegeben hat. Diese Leute haben sich um die jugendlichen Schulabgänger gekümmert, und das war die Wurzel des Terrorismus. Nach der Schule stehen die Jugendlichen sprichwörtlich auf der Straße, denn es gibt für sie keinen Ort, an den sie gehen können: kein Jugendzentrum, kein Schwimmbad – nichts, wo sich die Kinder und Jugendlichen entfalten könnten. Was haben sie also für Möglichkeiten? Entweder sie bleiben auf der Straße – und die Straße ist die Mutter aller Laster – oder sie werden von den Moscheen aufgenommen. Und da hat die Gehirnwäsche angefangen. Seit 1980 ist dort so haßerfüllt über die Frauen gesprochen worden, daß wir schon damals bei der Regierung protestiert haben. Aber die Regierung hat nichts dagegen unternommen. Ich bin mit dem Islam groß geworden, und ich bin

---

1   Der Imam (Vorbeter) Ali Belhadj (geb. 1964) ist neben Abassi Madani Führer der FIS.

nicht dagegen, daß man Moscheen baut. Aber ich will wissen, wer diese Moscheen leitet, wer sich um die Kinder kümmert. Um Imam (Vorbeter) werden zu können, mußte man früher erst Theologie studiert und dann einige Jahre lang Erfahrung gesammelt haben, das dauerte mindestens 30 Jahre. Heute haben wir Imame, die einfach nur eine Prüfung an der Koranschule abgelegt haben und nicht älter sind als 24. Sie sind schlecht ausgebildet, sie haben keine Lebenserfahrung – was können sie den Kindern schon beibringen?

Die Jugendlichen sind regelrecht indoktriniert worden. Ich werde Ihnen von den Erfahrungen erzählen, die ich mit meinen Schülern gemacht habe, als ich noch unterrichtet habe – leider unterrichte ich jetzt nicht mehr, sogar das haben sie mir verboten. Am Anfang sind meine Schüler in die Moscheen gegangen, weil man ihnen dort Nachhilfestunden angeboten hat. Wer Schwierigkeiten in Mathe oder in Arabisch oder in irgendeinem anderen Fach hatte, konnte in die Moschee gehen, und da hat man sich um diese Kinder gekümmert. Aber nach und nach haben sie da auch andere Dinge gelernt, und ich hatte nachher erhebliche Probleme mit meinen Schülern, weil wir Jungen und Mädchen gemeinsam unterrichten. Schließlich haben sich die Jungen geweigert, neben einem Mädchen zu sitzen, und die Mädchen haben sich geweigert, neben einem Jungen zu sitzen. Ich habe zu einer Schülerin gesagt: »Dein Vater und deine Mutter leben zusammen, du verstehst dich mit deinen Geschwistern – also was ist Schlechtes daran, wenn du in der Klasse neben einem Jungen sitzt?« Die Schülerin hat mir geantwortet: »Madame, der Imam hat gesagt, daß wir uns nicht neben einen Jungen setzen dürfen.« Und die Jungen haben zu mir gesagt: »Madame, der Imam hat uns verboten, daß wir uns neben ein Mädchen setzen, denn das Mädchen ist die Inkarnation des Teufels.« Ich hatte eine Schülerin, die ist lieber von der Schule abgegangen, als sich neben einen Jungen zu setzen. In unseren Schulen ist es üblich – ich weiß nicht, ob das im Westen noch so ist –, daß sich die Schüler erheben, wenn der Lehrer in die Klasse kommt. Und was haben die Imame gelehrt? »Ihr dürft euch erheben, wenn ein Lehrer hereinkommt, aber für eine Lehrerin dürft ihr nicht aufstehen. Selbst wenn ihr noch Kinder seid – ihr seid Männer, und deshalb seid ihr eurer Lehrerin überlegen. Es ist also nicht an euch, sie zu ehren.« Das ist die Arbeit, die in den meisten Moscheen gemacht worden ist. Die Predigten waren voller Haß. Heute hören sie solchen haßerfüllten Reden nicht mehr nur in der Moschee. Wenn Sie heute freitags[1] den Fernseher einschalten – was die Geistlichen da über die Frauen sagen, ist nichts anderes als ein Aufruf zum Mord. Während des Ramadan habe ich selbst einen Imam gehört, der in seiner Predigt gesagt hat: »Es ist nicht nur erlaubt, es ist sogar die Pflicht des Mannes, seine Frau zu schlagen. Gott fordert das. Man darf ihr nur nicht die Augen zerstören.« Ich wüßte gerne, wo er das gelesen haben will. Das war in dem algerischen Sender ENTV, dem staatlichen Fernsehen, dem Sender mit der größten Verbreitung im Land. Wir als Assoziation haben am nächsten Morgen beim Fernsehen angerufen und haben gesagt: »Wir wollen diesem Imam in einer Sendung gegenübergestellt werden. Wir wollen, daß er uns zeigt, wo er das gelesen hat: Daß Gott vom Mann fordert, seine Frau zu schlagen, daß er ihr nur nicht die Augen zerstören darf.« Das wurde uns verweigert. Dabei gibt es zum Beispiel einen Hadith, einen Ausspruch des Propheten, in dem es heißt: Um ins Paradies zu kommen, muß man zuerst die Liebe seiner Mutter respektieren.

In meinem Unterricht habe ich immer versucht, meinen Schülern von ihrer algerischen Geschichte zu erzählen. Ich habe ihnen auch andere Texte als die in den Schulbüchern zugänglich gemacht, ich habe ihnen auch französische Texte kopiert und mitgebracht; ich habe praktisch meinen eigenen Lehrplan gehabt. Natürlich gab es Schüler, die mich nicht mochten: Frau und frankophon – in bestimmten Stadtvierteln ist das schwierig, und ich habe in so einem Viertel gearbeitet, in einem »quartier chaud«. Aber irgendwann hatte ich gewonnen, und das habe ich gemerkt, als die Schüler eines Tages zu mir kamen und gesagt haben: »Madame, ein Lehrer ist krank, wir haben eine Freistunde – wollen Sie uns nicht eine zusätzliche Stunde geben?« Das waren Schüler, die die französische Sprache immer verabscheut hatten, weil man ihnen beigebracht hatte, daß Französisch die Sprache der Kolonialherren ist. Ich dagegen habe ihnen beigebracht, daß es natürlich stimmt, daß Französisch

---

1 Für Moslems der heilige Wochentag, vergleichbar mit dem christlichen Sonntag.

die Sprache der Kolonialherren war. Aber als die Unabhängigkeitskämpfer 1954 beschlossen haben, einen bewaffneten Kampf gegen Frankreich zu führen, haben sie ihre Erklärung am 1. November auf Französisch abgefaßt, und sie ist erst 1959 ins Arabische übersetzt worden.

Ich kam in meiner Klasse dann sehr gut klar, und die Schüler mochten mich – bis zu dem Tag, an dem es den Imamen gefallen hat, mich von der Moschee aus schlecht zu machen. Sie haben über mich gesagt, ich würde den Schülern die französische Sprache beibringen, und ich wolle ihnen die französische Sprache beibringen, um sie von der westlichen Kultur zu überzeugen. Also sei ich eine Lehrerin, die man bekämpfen müsse. In ihren Augen hatte ich bewiesen, daß ich auf der Seite Frankreichs stehe. Wenn sie dich »bekämpfen«, versuchen sie zuerst, dich einzuschüchtern, und wenn du nicht gehorchst, wartet das Attentat auf dich. Sie haben mich eingeschüchtert, und ich sage ganz offen: Ich liebe das Leben, deshalb habe ich es vorgezogen, meinen Beruf aufzugeben und am Leben zu bleiben. Denn gleichzeitig habe ich im Rahmen meiner Assoziation weiter gekämpft, und ich setze meine pädagogischen Studien in einem Arbeitskreis fort. Ich habe viele wirklich gute Freunde verloren, und ich weiß: Wenn wir diese Freunde dazu überredet hätten, ihren Beruf aufzugeben, wären sie heute noch am Leben. Dieses Wissen hat mir Mut gemacht, von der Schule wegzugehen und auf eine andere Art weiterzukämpfen.

Die Kinder werden mit der Gewalt groß, aber man kann die Gewalt auch stoppen. Das ist sogar sehr einfach: Man muß nur alle Schulbücher nehmen und sie in den Müll werfen. Wissen Sie, warum ich sage, daß es so einfach ist? Boudiaf war ein Mann, den ich bewundert habe, er war großartig. Er hat geschafft, daß es bei den Algeriern in den Köpfen »klick« gemacht hat. Er hat das geschafft, ohne irgend etwas in der Hand zu haben. Boudiaf hatte eine sehr einfache Sprache, er hat über konkrete Dinge gesprochen, über das, was die jungen Leute beschäftigt. Er hat ihnen nichts versprochen, er hat ihnen nur gesagt:»Ihr seid fähig, euch um euch selbst zu kümmern. Ihr könnt arbeiten.« Er sei da, um ihnen zu helfen. Es war unglaublich, er war wirklich jemand, der die Bedürfnisse der Jugendlichen erraten hat. Er hat ihnen das Wort erteilt und ihnen Hoffnung gegeben. Ich versichere Ihnen, daß Boudiaf es geschafft hätte. Ich habe damals in einem Stadtviertel von Algier mit Jugendlichen gearbeitet, die Anhänger der FIS waren, aber von Boudiaf haben sie sich überzeugen lassen. Deshalb sage ich: Die Lösung wäre sehr einfach. Ich kannte die Reden von Boumedienne[1], ich kannte die Reden von Chadli, und ich habe die Reden von Boudiaf gehört. Boudiaf ist der einzige Präsident, den ich anerkenne. Wenn Boumedienne geredet hat, war das der reine Größenwahn: Er wisse alles, alle anderen seien Schwachköpfe. Er sagte zum Beispiel immer: »Wir haben entschieden ...«, und das bedeutete, daß niemand mehr das Recht hatte, zu diesem Beschluß etwas zu sagen. Er sprach außerdem ein Arabisch, das niemand verstanden hat, denn er sprach Hocharabisch, und der algerische Dialekt unterscheidet sich sehr davon. Ich frage mich: Warum wendet man sich an das Volk, wenn die Rede niemand versteht? Wissen Sie, damals habe ich auch den tunesischen Präsidenten Bourgiba reden gehört, und er hat zu den Tunesiern im tunesischen Dialekt gesprochen. Der König von Marokko spricht marokkanisch mit den Marokkanern, der Präsident von Ägypten spricht ägyptisch mit den Ägyptern. Wir waren die einzigen, die arabischer sein sollten als die Araber – das war unverstellbar. Ich bin nicht arabisiert, denn ich bin während der Kolonialzeit in die Schule gegangen und auf Französisch unterrichtet worden. Aber ich würde lügen, wenn ich sagen würde, daß ich kein algerisch kann: Ich habe mit meiner Mutter, die Analphabetin ist, immer das algerische Arabisch gesprochen. Zur Zeit von Boumedienne haben wir mit drei Generationen vor dem Fernseher gesessen: Meine Mutter, ich und mein Bruder, der sehr viel jünger war als ich. Wir saßen also vor dem Fernseher, drei Generationen, und niemand hat Boumedienne verstanden. Mit Chadli war es das gleiche. Mein Bruder hat

---

1 Der Oberst Houari Boumedienne putschte sich 1965 an die Macht und errichtete in der Folge eine harte Militärdiktatur. Er baute die Geheimpolizei zu einem perfekten Überwachungsapparat aus. Boumedienne verstaatlichte die Öl- und Erdgasvorkommen; sein Ziel war die Industrialisierung Algeriens. Er setzte Millionen Dollar sprichwörtlich in den Sand der Sahara, denn die meisten seiner Projekte wurden nie produktiv. Boumedienne starb im Herbst 1978. Sein Nachfolger wurde Chadli Benjedid.

zur Zeit von Chadli immer gesagt: »Ich verstehe die Rede nicht, ich warte die Zeitung ab, dann lese ich die Übersetzung.« Und dann kam Boudiaf: Er sprach das Arabisch der Algerier und er wurde verstanden: in Oran, in Constantine, in Tlemcen, in Algier – überall und von allen, den Alten und den Jungen. Sogar meine Mutter, die nie in die Schule gegangen ist, die weder Französisch noch Hocharabisch kann, hat Boudiaf verstanden, wenn er eine Rede gehalten hat. Das war sein Geheimnis. Und es wäre so einfach, das zu wiederholen. Wenn Boudiaf zu den Jugendlichen gesprochen hat, hat er weder den Orient noch den Okzident als Vorbild zitiert, und das fand ich an ihm so wunderbar. Er ging von den algerischen Ressourcen aus. Noch in seiner letzten Rede in Annaba hat er die Korruption und die Cliquenwirtschaft angegriffen, und er hat der Jugend versprochen, dagegen anzukämpfen. Das war der Moment, in dem er ermordet wurde. Aber weil er so etwas offen ausgesprochen hatte, hatte er das Vertrauen der Jugend gewonnen. Boudiaf hat auch als einziger gewagt, das Schulsystem offen zu kritisieren. Er hat gesagt: Das Bildungssystem in Algerien ist eine Katastrophe. Eine Schule, die nicht mehr als zwei Prozent Abiturienten hervorbringt, schließe ich. Aber man hat nichts geändert, wir haben noch immer dieselben Bücher, dieselben Lehrer, dasselbe System.

Natürlich gibt es solche Persönlichkeiten wie Boudiaf nicht wie Sand am Meer, aber ich bin davon überzeugt, daß es in diesem Land Menschen gibt, die dasselbe Projekt für eine Gesellschaft verfolgen wie Boudiaf.

Ich bin optimistisch. Wenn ich nicht optimistisch wäre, hieße das, daß sie bereits gewonnen hätten. Die Gesellschaft ist in Bewegung, und das ist wunderbar – auch wenn es stimmt, daß wir leiden und einen hohen Tribut zahlen. Aber es gibt Fortschritte, selbst wenn das nur minimale Erfolge sind. Die Assoziationen können nicht so viel tun, wie nötig wäre, weil sie zu wenig Geld haben, aber es freut mich sehr, daß sich zum Beispiel die Eltern organisiert haben. Inzwischen gibt es eine landesweite Assoziation der »Eltern von Schülern«. Einer ihrer Vorsitzenden, er ist inzwischen ermordet worden, hat mal gesagt: »Wenn wir in der Schule politische Ideologien lehren, schlittern wir in die Katastrophe« – und wir sind bereits in die Katastrophe geschlittert. Wenn ich im Fernsehen Terroristen sehe, die verhaftet wurden, und sehe, daß sie erst 17 oder 18 Jahre alt sind, dann habe ich Angst. Ich frage mich: Werde ich eines Tages einem meiner Schüler gegenüberstehen? Ich würde mich schuldig fühlen, wenn ich tatsächlich eines Tages einem meiner Schüler gegenüberstünde, der Terrorist geworden ist. Denn dann spätestens wäre klar, daß ich Fehler gemacht haben muß: Entweder habe ich nicht laut genug gewarnt oder nicht genug getan, jedenfalls sind wir mitverantwortlich für das, was aus unserer Jugend geworden ist. Es ist gut, daß sich die Eltern heute zu einer unabhängigen Assoziationen zusammengeschlossen haben, die »Nein« sagt zu diesem Schulsystem, die gewisse Lektionen in den Schulbüchern ablehnt. Hier in einer Schule in Algier – ich werde den Namen nicht sagen, weil ich sie nicht gefährden will – hat sich die Elternvereinigung mit dem Direktor zusammengesetzt, und sie haben gemeinsam beschlossen, im Unterricht künftig keinen der Texte aus den Büchern für islamische Erziehung zu verwenden, der zu Gewalt oder zu Geschlechtertrennung auffordert. Sie haben gesagt: Selbst wenn der Schulinspektor kommt, sogar wenn der Erziehungsminister kommt – wir Eltern werden diese Entscheidung verteidigen, denn schließlich sind das unsere Kinder und wir wollen nicht, daß sie schlechte Erfahrungen machen.

Zu den Fortschritten gehört auch, daß jetzt unglaublich viele private Schulen aufmachen. Die Eltern nehmen ihre Kinder aus einer Schule, die nicht mehr als zwei Prozent Abiturienten entläßt. Es gibt viele private Schulen, die ausschließlich von den Eltern getragen werden: Die Eltern haben sich organisiert, haben sich mit Spezialisten zusammengesetzt und einen Lehrplan gearbeitet. Das ist großartig, und solche Initiativen gab es früher nicht.

Und die Parteien? In den Parteien sitzen seit dreißig Jahren dieselben Leute, deshalb ist es Aufgabe der Assoziationen, das Erziehungssystem zu reformieren. Und mehr noch ist es die Rolle der Eltern. Heute haben die Eltern diese Verantwortung übernommen, indem sie private Schulen gründen, und das ist wunderbar.

Ich bin sehr optimistisch. Es gibt viele junge Leute, die großartig sind. Zum 8. März haben wir eine Veranstaltung zur Situation der Frauen in Algerien gemacht. Wir haben den Film von Malika

Laichour gezeigt, »Elle pour memoire« – es war das erste Mal, daß er hier in Algerien gezeigt wurde. Während der Vorführung war es absolut still im Saal, das Publikum war voller Respekt für die Frauen. Anschließend hat Khalida Messaoudi[1] eine Rede gehalten, und auch die wurde sehr gut aufgenommen. Danach haben die Leute angefangen zu tanzen – und das, obwohl sie in der Schule, im Fernsehen und in den Reden der Fundamentalisten hören, daß das Tanzen Sünde sei. Daß die Musik Sünde sei. Aber sie haben getanzt und sie haben gesungen, sie haben sich ausgetobt. Danach sind die Jugendlichen zu uns gekommen, um sich bei uns zu bedanken und uns zu sagen: »Es ist lange her, daß wir das letzte Mal getanzt haben. Es gibt den Terrorismus und es fließt viel Blut, aber wir haben keine Lust mehr, unser Leben danach zu richten.«

Luisa Ait Hamou Aktivistin der Frauenbewegung

Luisa Ait Hamou ist seit 1978 Mitglied verschiedener Frauenorganisationen. Sie saß lange Zeit im Koordinationskommitee der Frauenbewegung und war zweieinhalb Jahre lang Mitglied von »SOS – Femmes en Detresse« (»SOS – Frauen in Not«). Außerdem ist sie Mitglied der algerischen Sektion von amnesty international. Die 45jährige ist Englischprofessorin und unverheiratet.

Ich komme aus einem Arbeitermilieu. Mein Großvater war Bauer, er war sehr arm. Weil mein Vater der älteste Sohn der Familie war, mußte er die Schule früh verlassen, um für seine Geschwister Geld zu verdienen. Er wurde Chauffeur und verdiente damit nicht viel

---

1 Die Mathematiklehrerin Khalida Messaoudi ist eine der bekanntesten algerischen Frauenrechtlerinnen. Seit Anfang der 80er Jahre war sie auf vielen Demonstrationen und Veranstaltungen präsent und leitete verschiedene feministische Organisationen. Seit Juni 1993 steht sie auf der Todesliste der Islamisten. Anfang 1996 gründete sie die Frauenbewegung RACHDA; außerdem ist sie Sprecherin der Berberpartei RCD (»Rassemblement pour la Culture et la Démocratie«, »Vereinigung für Kultur und Demokratie«).

Geld, aber ich konnte trotzdem studieren, und das verdanke ich Algerien, unserem damaligen sozialistischen System. Ich habe davon profitiert, daß die Schule und die medizinische Behandlung umsonst waren. Hinzu kommt natürlich, daß mein Vater es wichtig fand, daß ich zur Schule gehe. Viele Eltern wollten damals, daß ihre Töchter heiraten – ich habe das übrigens immer wie ein Damoklesschwert empfunden, das über mir schwebt. Daß ich vor der Heirat zur Schule und dann auf die Universität gehe, war alles andere als selbstverständlich; unser Milieu war sehr konservativ. Meine Schwester und ich waren die ersten Frauen aus unserer Familie, die studiert haben, und weil ich ein staatliches Stipendium bekommen habe, konnte ich sogar auch im Ausland studieren. Ich hatte also doppeltes Glück: Ich habe von dem damaligen System profitiert, und ich hatte Glück mit meiner Familie. Mein Vater hatte zwei seiner Schwestern unterstützen müssen; die eine hatte nie geheiratet, die andere war Witwe. Sie hatte Kinder, die mitversorgt werden mußten. Beide waren nie zur Schule gegangen, haben nicht gearbeitet und waren also völlig von ihrer Familie abhängig, von meinem Vater und den übrigen Brüdern. Dadurch hat mein Vater begriffen, wie wichtig die finanzielle Autonomie für Frauen ist und daß sie diese Selbständigkeit nur erreichen können, wenn sie in die Schule gehen. Es hatte also nichts mit liberalen oder feministischen Gedanken zu tun, daß mein Vater seine Töchter zur Schule gehen ließ, er hatte ganz pragmatische Gründe dafür. Heute ist es ganz ähnlich: Wenn sich die Mentalitäten ändern, dann wegen der wirtschaftlichen Lage. In den 70er Jahren war es für eine Frau noch tabu, arbeiten zu gehen, aber aus wirtschaftlichen Gründen mußte man mehr und mehr akzeptieren, daß die Frauen aus dem Haus und damit in die Öffentlichkeit gehen, um Geld zu verdienen. Die Familien brauchten das zusätzliche Einkommen. Bei einer Tante von mir ist das ganz deutlich: Sie ist sehr konservativ, aber sie will trotzdem, daß ihr Sohn eine Frau heiratet, die arbeiten geht. Sie weiß, daß Familien mit nur einem Einkommen heute kaum noch überleben können. Wegen der hohen Arbeitslosigkeit finden allerdings gerade die Frauen zur Zeit kaum eine Stelle.

Wir waren zu Hause vier Kinder, drei Schwestern und ein Bruder, und das war für damalige Verhältnisse wenig. Meine ältere Schwester und ich waren auf der französischen Schule. Meine Schwester war brillant, sie hat in der Schule viele Auszeichnungen bekommen, und ich war auch sehr gut. Mich hat motiviert, daß ich genau wußte: Wenn ich in der Schule versage, muß ich später zu Hause bleiben. Ich hätte mich völlig eingeschlossen gefühlt, abgeschlossen von der Entwicklung. Wenn ich das europäischen Freunden erzähle, sind sie immer etwas verblüfft, aber für uns war es wirklich so: Wir haben die Freiheit nicht auf dem Silbertablett serviert bekommen, wir mußten hart dafür arbeiten. Vielleicht ist das auch der Grund dafür, daß die Frauen bei uns in der Schule im Durchschnitt besser abschneiden als die Männer.

Ich lehre Englisch, ich habe mich auf anglo-afrikanische Literatur spezialisiert. Ich wollte eigentlich nicht Englisch studieren, sondern politische Wissenschaft oder Wirtschaftswissenschaft, aber damals waren diese Fächer für Frauen tabu, vor allem in dem Milieu, aus dem ich komme. Meine Schwester, die zwei Jahre älter ist als ich, hatte angefangen, Medizin zu studieren. Das war auch für Frauen gut angesehen, aber Politikwissenschaft? Das galt als Männerdomäne. Damals hat mein Vater die Entscheidungen getroffen. Er war nicht sehr streng, aber er hat versucht, mich von der Politikwissenschaft abzubringen. Weil ich damals außer meiner älteren Schwester niemanden hatte, der mich unterstützt hätte – weder Onkel noch Tante noch Großmutter –, habe ich den Gedanken schließlich aufgegeben und Englisch studiert. Inzwischen bin ich ein bißchen zu meinen ursprünglichen Wünschen zurückgekommen, denn die anglo-afrikanische Literatur ist sehr politisch.

Ich bin seit dem Ende der 70er Jahre in der Frauenbewegung aktiv, und das hat viel mit meiner Erziehung und meinem Hintergrund zu tun. Als Akademikerin habe ich die Möglichkeit, über Dinge nachzudenken und mich auszudrücken. Ich kann mich verteidigen, denn ich durchschaue die Regeln und Gesetzmäßigkeiten ein bißchen. Das heißt aber nicht, daß die Frauen, die jeden Tag mit den alltäglichsten Problemen kämpfen und ungebildet sind, dieses Bewußtsein nicht haben könnten. Es ist stimmt zwar, daß viele von ihnen die Werte unserer patriarchalen Gesellschaft verinnerlicht haben, aber es gibt unter den Analphabetinnen auch viele, die durch ihre tägliche Erfahrung ein feministisches Bewußtsein entwickelt haben.

1977 oder 1978 wurde mir an der Universität eine kleine, informelle Gruppe von Frauen vorgestellt, und ich habe mich ihnen angeschlossen. Wir waren am Anfang nur fünf oder sechs. Wir hatten das Bedürfnis, in der Gesellschaft etwas zu verändern und wollten uns zunächst informell mit anderen Frauen zusammentun, die dasselbe Bedürfnis hatten wie wir. So hat alles angefangen. Diese Frauengruppe hat später das sogenannte »Kollektiv der Frauen« gegründet; das war natürlich illegal. Damals war es verboten, sich außerhalb der staatlichen Strukturen und der Einheitspartei zu organisieren. Die einzige offizielle und legale Frauenorganisation war die UNFA, die »Union Nationale des Femmes Algeriennes« (»Nationale Union der Algerischen Frauen«), aber die UNFA war nicht autonom, sondern eine Institution des Staates. Für mich kam es nie in Frage, in einer solchen Institution zu arbeiten. Ich will die Basismitglieder der UNFA nicht kritisieren, es gab einige darunter, die sehr ernsthaft gearbeitet haben, aber ich kritisiere die Organisation an sich. Sie diente dazu, die Frauenbewegung zu kontrollieren, statt daß sie zusätzliche Energien freigesetzt hätte. Wir wollten unabhängig denken und handeln, und dafür brauchten wir eine Struktur, die von der UNFA autonom war. Soweit ich weiß, war unser Kollektiv damals die einzige unabhängige Frauenorganisation, aber es ist gut möglich, daß es andere informelle Kreise gegeben hat. Natürlich gab es beispielsweise in den Gewerkschaften Frauengruppen, aber die wurden von einer Gewerkschaft kontrolliert, die damals ebenfalls nicht autonom war. Außerdem gab es die ehemaligen Widerstandskämpferinnen, die Moudjahidattes, die ziemlich aktiv waren. Das, was man heute unter der Frauenbewegung versteht, ist sicher aus allen diesen Erfahrungen zusammen entstanden.

Unser Kollektiv war also illegal, aber wir haben trotzdem gearbeitet. Die Gruppe bestand am Anfang vor allem aus Akademikerinnen und Studentinnen, erst später kamen Arbeiterinnen dazu. Wir waren ein harter Kern von vielleicht dreißig oder fünfzig Frauen, aber zu den Generalversammlungen kamen 500, 600, manchmal

1000 Frauen. Die Erfahrungen, die wir in diesem Kollektiv gesammelt haben, waren sehr bereichernd. Wir haben schon damals von Demokratie gesprochen, obwohl die politischen Verhältnisse noch absolut starr waren. Wir haben die Freiheit der Gedanken und die freie Meinungsäußerung gefordert, und wir haben vor allem dagegen gekämpft, daß das neue Familiengesetz verabschiedet wird – wir wußten schon ziemlich früh von diesen Plänen; viele von uns waren alarmisiert. Das Kollektiv gab eine eigene Zeitung heraus – was ja schon mal nicht schlecht ist. Wir haben ein Theaterstück über das Familiengesetz geschrieben, das wir in der Universität aufgeführt haben und mit dem wir dann auf Tournee gegangen sind. 1980 haben wir eine Generalversammlung an der Universität organisiert, die zwar nicht erlaubt worden war, aber akzeptiert wurde. Zu dieser Versammlung sind unglaublich viele Frauen gekommen, nicht nur Akademikerinnen, sondern auch Arbeiterinnen und Frauen aus anderen Bereichen.

Die Atmosphäre damals war großartig, weil wir wirklich miteinander geredet haben. Wir haben Neues entdeckt. Wir haben Dinge ausgesprochen, die im heutigen politischen Kontext vielleicht zensiert werden würden. Ich glaube, das war ein Kern der Demokratie, auch wenn ich weiß, daß ein langer Lernprozeß nötig ist, um die Demokratie wirklich zu leben – manchmal dauert das Jahrhunderte. Wir hatten damals natürlich auch schwierige Zeiten mit Konflikten und Spannungen, aber es gab trotz aller ideologischen Unterschieden zwischen den verschiedenen linken Lagern immer den Wunsch, zusammenzuarbeiten. Eine Streitfrage war zum Beispiel: Dürfen Männer Mitglied des Kollektivs werden? Es gab einige Frauen, die gesagt haben: Nein, denn selbst wenn es demokratische und fortschrittliche Männer sind, die wir aufnehmen – Männer sind daran gewöhnt, das Wort zu ergreifen, aber die Frauen sind zum Schweigen erzogen worden. Sobald wir Männer zulassen, werden sie das Wort an sich reißen. Die Frauen würden schon wieder schikaniert und lächerlich gemacht und wären zu scheu, um sich ausdrücken. Dann gab es andere, die gesagt haben: Trotzdem stellt sich das Problem in unserer Gesellschaft ganz anders als in Europa. Die europäische Gesellschaft ist gemischt, und da ist es ein radikaler Akt, Männer und Frauen voneinander zu trennen. Bei uns dagegen sind Männer und Frauen in der Gesellschaft voneinander getrennt, und diese gesellschaftliche Struktur setzen wir fort, wenn wir weiterhin reine Frauenkollektive haben. Unsere Debatten waren oft sehr lang, manchmal ermüdend, aber auf jeden Fall waren sie faszinierend und voller Leidenschaft.

Wir hatten das Gefühl, eine gewisse Macht zu haben und Dinge verändern zu können. Wir waren davon überzeugt, daß wir etwas zur Veränderung unserer Gesellschaft beitragen können – vor allem, was die Situation der Frauen angeht. Wir haben gespürt, daß sich etwas bewegt.

Leider war das alles nur ein Strohfeuer. Wenn ich heute über diese Zeit nachdenke, frage ich mich immer wieder: Wie konnte es passieren, daß diese Aufbruchstimmung so schnell und so gründlich verflogen ist? Was haben wir falsch gemacht? Ich persönlich glaube, daß wir in der Frauenbewegung zu stark politisiert waren. Viele Frauen waren auch in politischen Parteien organisiert – wogegen ich nichts habe –, aber meistens war ihnen die Ideologie ihrer Parteien wichtiger als die Probleme der Frauen. Deshalb endeten unsere Versammlungen häufig in ideologischen Streitereien. Wir waren als Bewegung ja sehr jung, wir mußten erst noch lernen, einander zuzuhören und uns zu streiten. Außerdem glaube ich heute, daß wir viel zu sehr aus der Defensive gearbeitet haben. Wenn die Regierung irgendeine Entscheidung bekannt gab, die die Rechte der Frauen betraf, haben wir darauf mit Petitionen reagiert, oder wir haben Delegationen zu den Autoritäten geschickt. Im Nachhinein halte ich es für einen Fehler, daß wir so sehr auf das Regime fixiert waren. Für uns war das eine ganz klare Konfrontation: Auf der einen Seite wir, die Frauen der »Avantgarde«, auf der anderen Seite das Regime. Die Gesellschaft hatten wir nur selten im Blick. Für mich ist das heute ein schwerer taktischer Fehler.

Wir waren eine Avantgarde, und wir sind dafür von der Linken auch scharf kritisiert worden. Ich habe mich damals schuldig gefühlt, weil wir nur eine intellektuelle Minderheit waren, dieses Schuldgefühl ist uns regelrecht eingebleut worden. Heute habe ich meine Position etwas geändert, ich sage: Es ist gut, eine Avantgarde zu haben, denn schließlich gehen die Veränderungen immer auch von der Avantgarde aus. Es muß Frauen geben, die an der Spitze des Kampfes stehen und Dinge vorschlagen, die für die Gesellschaft sehr radikal sind. Aber es reicht nicht.

Deshalb habe ich das Frauenkollektiv dann übrigens verlassen. Mir ist das sehr schwer gefallen, denn plötzlich stand ich alleine da, aber mir war klar geworden, daß uns Frauen, die wir Veränderungen wollten, der gesellschaftliche Rückhalt fehlte. Den wirklichen Kontakt mit der Gesellschaft habe ich dann lange gesucht. Gefunden habe ich ihn in in gewisser Weise, als ich 1991 der Assoziation »SOS-Femmes en Detresse« (SOS-Frauen in Not) beigetreten bin. Das ist eine soziale Organisation mit humanitärem Charakter, die sehr konkrete Arbeit macht. Nach dieser Art Arbeit hatte ich damals ein starkes Verlangen, denn in den übrigen Assoziationen habe ich mich immer unwohler gefühlt, weil wir nur noch Politik gemacht haben. Ich wollte die soziale Realtiät der Frauen kennenlernen, die ich bis dahin nur aus der Theorie kannte. Ich habe gehofft, daß ich so vielleicht endlich eine Verbindung zwischen Theorie und Praxis schaffen kann.

Während der zweieinhalb Jahre, die ich in dieser Assoziation war, wurde mein eigentlicher Beruf fast zur Nebensache, denn ich habe Dinge entdeckt, die für mich wirklich neu waren. Ich habe mich jeden Tag gefragt: Und das ist meine Gesellschaft? Wir haben Frauen aufgenommen, die mit ihren Kindern auf der Straße lebten, weil sie verstoßen worden waren oder nach einer Scheidung keine Wohnung mehr hatten. Wir haben ledige Mütter ohne Obdach aufgenommen – also alle, die von unserer Gesellschaft ausgestoßen werden. Sehr oft sind das Frauen, die ungebildet sind, nicht arbeiten gehen und deshalb finanziell abhängig sind.

Das Ziel von »SOS – Femmes en Detresse« ist nicht Mildtätigkeit, es geht nicht nur darum, den obdachlosen Frauen etwas zu essen zu geben. Das Ziel der Assoziation ist es, den Frauen, die einen Bruch in ihrem Leben erfahren haben, auf dem Weg in die Selbständigkeit zu helfen. Es gibt zum Beispiel Frauen, die von einem Tag auf den anderen von ihren Männern verstoßen werden. Der Mann entscheidet, daß er von seiner Frau genug hat und er sagt einfach zu ihr: »Geh zurück zu deiner Familie, mach was du willst, ich will dich nicht mehr.« Und was passiert heuzutage in einer solchen Situation? Die Frau geht natürlich zuerst zu ihrer Familie, weil sie wegen der katastrophalen Wohnungsnot überhaupt keine Chance hat, eine eigene Wohnung für sich und die Kinder zu finden. Außerdem hat sie wegen der gegenwärtigen Wirtschaftskrise kaum Aussicht auf irgendeinen Arbeitsplatz. Sie geht also zu ihren Eltern, aber deren Situation ist natürlich nicht viel besser: Viele Familien haben wegen der Wirtschaftskrise finanzielle Schwierigkeiten, sie sind sehr arm. Wegen der Wohnungsnot leben die meisten Familien außerdem sehr beengt. Bei den Eltern der Frau leben also wahrscheinlich schon andere Geschwistern mit ihren Ehepartnern und deren Kindern. Die Eltern können der Tochter trotzdem nicht die Tür vor der Nase zuschlagen, also sagen sie: »Okay, eine Zeitlang kannst du mit deinen Kindern bleiben.« Aber weil die Situation für alle untragbar ist, werden die Eltern nach einer gewissen Zeit sagen: »Hör zu, dich können wir noch aufnehmen, aber für deine Kinder ist nicht auch noch Platz. Gib die Kinder deinem Mann.« Der Frau wird das sehr schwer fallen, aber sie wird die Kindern gezwungenermaßen ihrem Mann geben und bei ihrer Familie bleiben. Die meisten können es aber kaum aushalten, ihre Kinder abgegeben zu haben und holen sie nach ein paar Tagen oder Wochen zurück. Dann ziehen sie vielleicht zu einer Cousine, und wenn das nicht mehr geht, zu Freunden, aber irgendwann kommt die Zeit, wo es niemanden mehr gibt, der sie aufnehmen kann. Dann steht die Frau mit den Kindern auf der Straße. Ziel der Assoziation ist es, Frauen in dieser Situation zu helfen und ihnen die Kraft zu geben, das Leben wieder zu lernen und wieder selbständig zu werden. Leider erreichen wir dieses Ziel nicht immer, weil die wirtschaftlichen Umstände im Moment wirklich sehr widrig sind.

»SOS« hat ein Aufnahmezentrum für Frauen, das aus zwei Hütten besteht, kleinen Hütten. Theoretisch gibt es Platz für 20 Frauen, aber oft sind auch 30 oder mehr da, und die meisten haben ja Kinder – Frauen mit Kindern haben bei uns Priorität; wegen der großen Nachfrage mußten wir Prioritäten setzen. Wir haben überhaupt keine Öffentlichkeitsarbeit gemacht, bevor wir das Zentrum im Mai 1993 eröffnet haben, denn wir hatten Angst, sofort überrannt zu werden. Trotzdem waren 24 Stunden später alle Plätze belegt, so groß ist die Not der Frauen. Wir sind zunächst nur durch Mund-zu-Mund-Propaganda bekannt geworden.

Wir wollen nur eine Übergangslösung bieten; die Zeit ist theoretisch auf sechs Monate beschränkt. Diese Zeit soll den Frauen die Möglichkeit geben, zur Ruhe zu kommen und sich auf die Selbständigkeit vorzubereiten. Aber einige Frauen sind schon seit drei oder vier Jahren da, weil wir für sie keine andere Lösung gefunden haben. Es gibt zwei wesentliche Probleme: Damit ein Mensch selbständig sein kann, braucht er ein Dach über dem Kopf und eine Arbeitsstelle. Aber ein Zimmer zu finden, das ist wegen der Wohnungsnot vor allem in Algier ausgesprochen schwierig. Und eine Arbeitsstelle? Das ist noch schwieriger, besonders für eine Frau. Das ist wohl nicht nur in Algerien so: Wenn die Arbeitslosigkeit hoch ist, haben vor allem Frauen kaum eine Chance. Deshalb sage ich: Leider erreichen wir die Ziele unserer Assoziation nicht immer, denn diese beiden Grundprobleme sind gesellschaftliche Probleme. Trotzdem haben wir einiges erreicht, einige Frauen konnten eine Ausbildung machen. Dadurch hatten sie die Chance, ihre Würde wiederzufinden, und das ist auch ein wichtiger Punkt: die Selbstachtung. Die Arbeitsstellen, die die Frauen ohne unsere Hilfe finden, sind leider fast alles Stellen im Haushalt, denn die meisten von ihnen sind Analphabetinnen oder haben eine sehr, sehr geringe Schulbildung und in der Regel keine Berufsausbildung. Ihnen mit einem solchen Background zur Selbständigkeit verhelfen zu wollen, ist eine riesige Herausforderung. Klar ist auf jeden Fall: Keine Assoziation kann alleine die Probleme von Millionen Frauen lösen.

Die Frauen, die wir aufgenommen haben, waren sehr häufig Opfer des Familiengesetzes. Daß sie mit ihren Kindern ohne jede Unterstützung auf der Straße stehen, liegt meistens daran, daß sie verstoßen worden sind. Das Familiengesetz erlaubt dem Mann, seine Frau praktisch ohne jeden Grund zu verstoßen. Oder die Polygamie: Es gibt auch viele Frauen, die obdachlos sind, weil sie sich geweigert haben, neben zwei weiteren Ehefrauen zu leben. Auch die vergewaltigten Frauen und die ledigen Mütter, die keinen sozialen Schutz haben, waren meistens ganz offensichtlich Opfer dieses Gesetzes. Die Arbeit von »SOS« macht deutlich, worum es geht, wenn man sagt: Ich bin dafür, daß dieses Familiengesetz abgeschafft wird. Oder: Ich bin für seine Reform. Vielen Frauen ist noch immer nicht klar, was dieses Familiengesetz bedeutet. Sie haben irgend etwas von Polygamie im Kopf, aber das ist nun wirklich nicht alles. Wir haben uns gesagt: Wenn wir unsere Arbeit bei »SOS« bekannt machen können, werden viele Menschen vermutlich zum ersten Mal realisieren, was für ein Gesetz da eigentlich existiert – darunter übrigens auch Leute, die aus demselben Milieu kommen wie ich selbst, also durchaus keine Analphabeten sind. Wir haben zum Beispiel im Fernsehen über unsere Arbeit berichtet, und einige Artikel sind in Zeitungen erschienen. Danach haben uns jedesmal viele Leute angerufen und gefragt, ob sie uns helfen können. Wenn Journalisten zu uns kommen, sind wir allerdings bei einem Thema vorsichtig: Wir reden nicht allzu gerne darüber, daß wir ledige Mütter aufnehmen, denn in unserer Gesellschaft ist es noch immer tabu, Kinder zu haben, ohne verheiratet zu sein. Die meisten Mitglieder von »SOS« hatten Angst, die Öffentlichkeit zu sehr zu schockieren, wenn sie sagen, daß wir ledige Mütter akzeptieren. Weil der uneheliche Geschlechtsverkehr als so unmoralisch gilt, hatten wir auch Angst vor Attentaten der Islamisten, falls sie erfahren, daß in unserem Zentrum ledige Mütter leben. Ich selbst sage allerdings immer: Darüber muß gesprochen werden, schließlich ist das die Realität. Für mich ist die Assoziation so etwas wie ein Leuchtfeuer, das den anderen Assoziationen, dem Staat und der Gesellschaft deutlich macht, wo es hingehen muß.

»SOS-Femmes en Detresse« wird vom Sozialministerium unterstützt. Ich habe keine Ahnung, warum der Staat das macht, aber vermutlich, weil es eigentlich eine staatliche Aufgabe wäre, die Frauen von der Straße zu holen. Die Regierung kommt dieser Aufgabe allerdings nicht nach. Alle Mitglieder von »SOS« arbeiten ehrenamtlich. Ich finde es großartig, daß Bürgerinnen diese Aufgabe übernehmen. Für mich ist diese Assoziation auch ein Ausdruck für das, was zur Zeit in Algerien passiert: Es entsteht eine zivile Gesellschaft. Immer mehr Frauen schließen sich zu Assoziationen zusammen, um sich um die Probleme der Gesellschaft zu kümmern. Das ist etwas, was wir in dieser Form seit 1962, seit der algerischen Unabhängigkeit, nicht mehr hatten. Wir waren jahrelang daran gewöhnt, daß der Staat alle Aufgaben übernimmt; jetzt nehmen die Bürger vieles selbst in die Hand. Allerdings entsteht die zivile Gesellschaft erst, sie existiert in Algerien noch nicht wirklich. Aber es ist doch schon mal ein Anfang.

Nach ungefähr zweieinhalb Jahren bin ich aus der Assoziation ausgetreten. Ich war nicht damit einverstanden, daß »SOS« dem Übergangsparlament beigetreten ist, das die Militärs nach dem Wahlabbruch eingesetzt haben. Ich war Mitglied geworden, weil die Assoziation ein sehr klares Ziel hatte: Frauen zu helfen, die in Not sind, egal, welcher politischen Richtung, Religion oder sozialen Klasse sie angehören. Das war für mich sehr wichtig, weil es damit zum ersten Mal ganz konkret um die Frauen ging, nicht um eine Ideologie oder um die Männer oder die Politik. Nach meinen bisherigen Erfahrungen in der Frauenbewegung war das für mich etwas Neues. Viele Aktivistinnen werden mir vermutlich widersprechen, aber ich hatte immer den Eindruck, daß es zunächst um die Politik ging, und dann um die Probleme der Frauen.

»SOS« ist dann also von der Regierung eingeladen worden, dem »Nationalen Übergangsrat« (»Conseil National Transitoire«, CNT) beizutreten. Als sie das tatsächlich getan hat, hat die Assoziation für mich ihre ursprünglichen Ziele aufgegeben. Dieser Übergangsrat ähnelt vage einer Volksversammlung, aber er ist eben nicht vom Volk gewählt. Was ich von einem solchen »Parlament« halte, tut hier nichts zur Sache – mir ging es um das Prinzip. Es ging für mich um unsere Glaubwürdigkeit als unpolitische, unabhängige und humanitäre Organisation. Natürlich ist es auch eine politische Arbeit, wenn man Frauen in der gegenwärtigen Situation hilft und für ihre Rechte eintritt, aber es ist eben nicht Parteipolitik. Der Übergangsrat ist eine Institution des Staates, und wenn eine Nicht-Regierungsorganisation dieser Institution beitritt, gibt sie ihre Unabhängigkeit auf und wird zu einer staatlichen Organisation. Leider war die Mehrzahl unserer Mitglieder für den Beitritt, weil sie hoffen, daß sie dadurch mehr für die Frauen tun können. Zum Beispiel, wenn es um das Familienrecht geht: Daß sie im Übergangsparlament Einfluß auf die Gesetzgebung nehmen könnten. Ich halte das für naiv und illusorisch, denn ich bin mir sicher, daß das Familiengesetz nicht auf der Prioritätenliste des CNT steht. Der CNT hat in der kurzen Zeit, die er bisher existiert, einiges auf den Weg gebracht, er hat zum Beispiel einige Gesetze zur Privatisierung erlassen. Aber was die Frauen angeht, ist bisher nichts geschehen.

Daß ich aus der Assoziation ausgetreten bin, war für mich der zweite harte Schlag in meinem Leben, der erste war mein Austritt aus dem »Kollektiv der Frauen«. Zur Zeit bin ich in keiner Assoziation mehr, ich mache sozusagen Trauerarbeit. Mit vier anderen Frauen habe ich allerdings eine informelle Arbeitsgruppe gegründet. Unser Thema ist »Frauen und Gewalt«. Uns geht es dabei nicht nur um die Gewalt der Islamisten, sondern allgemeiner um die Mechanismen der Gewalt. Wir versuchen zu verstehen, warum die algerische Gesellschaft Frauen gegenüber so gewalttätig ist.

Viele der Frauenassoziationen arbeiten heute vor allem im politischen Bereich und haben sehr wenig Bezug zur Gesellschaft. Die Verbindung zwischen Avantgarde und Gesellschaft ist also leider noch immer nicht sehr gut. Es gibt Assoziationen, die wegen des Fundamentalismus versuchen, eine Verbindung zur Gesellschaft aufzubauen, indem sie etwa Frauen unterstützen, die vergewaltigt worden sind. Das ist gut, aber sie haben dabei immer ein politisches Ziel: Den Terrorismus auszurotten. Viele sagen: »Wir werden es so machen wie die FIS.« Denn daß die FIS so einen Erfolg hatte, lag vor allem daran, daß sie sich für die Jugend eingesetzt hat, die ohne Arbeit und ohne Zukunft ist. Die FIS hat vor Ort mit denen gearbeitet, die von der Gesellschaft ausgeschlossen sind. Die FIS ist auf ihre Art eine radikale Partei, das muß man zugeben, auch wenn ich absolut gegen die FIS bin. Aber: Die FIS war klar gegen die Regierung, und auch deshalb hatte sie einen solchen Erfolg. Die Leute von Hamas, vor allem die Frauen der Partei, machen es jetzt ganz ähnlich wie damals die FIS: Sie gehen von Tür zu Tür und diskutieren mit den Frauen. Die sogenannten demokratischen Assoziationen machen diese Art von Arbeit leider nicht, obwohl ich glaube, daß so etwas in einem gewissen Maß einfach nötig ist: auf die Bedürfnisse und Erwartungen der Algerierinnen einzugehen. Ich glaube, wir sollten an mehreren Fronten kämpfen. Wir sollten politisch kämpfen, warum nicht, aber ausreichend ist das auf keinen Fall. Wir müssen auch an der sozialen Front kämpfen.

Heute geht ein Riß durch die Gesellschaft. Es gibt eine Kluft zwischen den sogenannten demokratischen Frauen und den anderen, den islamistischen. Könnte es Brücken geben? Ich glaube schon. Ich weiß, daß man mich dafür angreifen wird, aber ich glaube, daß wir versuchen müssen, eine Verbindung herzustellen. Wenn wir die Rechte der Frauen wirklich in den Mittelpunkt stellen, dann müßte es doch möglich sein, zum Beispiel mit den Frauen von Hamas für eine gewisse Zeit und mit einem konkreten Ziel zusammenzuarbeiten. Die Hamas fordert zum Beispiel ebenso wie die demokratischen Frauenassoziationen das Recht auf Arbeit. Ich glaube, wir müßten über eine Zusammenarbeit nachdenken, denn die Kluft in unserer Gesellschaft darf so nicht bestehen bleiben. Wir müssen etwas dagegen tun.

Das Gefühl, daß wir an einer Veränderung teilhaben, habe ich heute noch immer. Es ist etwas geblieben von dieser Aufbruchsstimmung aus der Zeit unseres »Kollektivs der Frauen«. Ich empfinde das sogar sehr stark: daß alles, was die Frauenassoziationen und die Frauen ganz allgemein gegenwärtig machen, zur Veränderung der Gesellschaft beiträgt. Es gibt trotz der Morde und der Attentate, trotz der extrem schwierigen Situation, in der sich Algerien zu Zeit befindet, Grund zum Optimismus. Die heutige Frauenbewegung und die ganzen Assoziationen sind aus all den Erfahrungen entstanden, die wir damals gemacht haben: aus dem »Kollektiv«, der Arbeit der Moudjahedattes, der UNFA, den Frauengruppen in den Gewerkschaften. Die Frauenbewegung hat den Frauen ermöglicht, im öffentlichen Raum aufzutreten. Daß Frauen oder Gruppen von Frauen den öffentlichen Raum besetzen und Demonstrationen veranstalten, stellt die mentale Struktur unserer patriarchalen Gesellschaft auf den Kopf. Das ist sehr gut, genauso wie die Tatsache, daß wir Frauen immer öffentlich präsent waren, denn als die Parteien zugelassen wurden, kamen sie an der Frauenfrage nicht mehr vorbei. Die meisten von den sogenannten demokratischen Parteien beschäftigen sich heute in ihren Programmen auch mit der Frauenfrage; sie müssen die Rechte der Frauen verteidigen. Das ist doch schon nicht schlecht, auch wenn es sich zunächst nur auf der theoretischen Ebene bewegt. Aber deshalb sage ich: Die Frauenbewegung hat trotz allem einiges erreicht.

Leider geht vieles von dem, was wir in unserer Generation erreicht haben, wieder verloren, denn das Leben ist schwierig geworden. In meiner Generation waren Jungen und Mädchen schulpflichtig, jetzt geht die Rate der Einschulungen bei den Mädchen wieder zurück. Die Leute auf dem Land haben einfach nicht genug Geld, um ihre Kinder zur Schule zu schicken. Früher gab es staatliche Unterstützung für die Bücher, und mittags konnten die Kinder in der Schulkantine essen. Inzwischen ist die staatliche Unterstützung weggefallen. Wenn die ärmeren Familien nicht alle ihre Kinder zur Schule schicken können, wen wählen sie aus? Die Jungen.

Ich bin nicht verheiratet, ich möchte nicht heiraten. Zwei Mal habe ich die Gelegenheit dazu gehabt, aber ich wollte nicht, weil ich vor der Heirat Angst hatte. Bereut habe ich das nie, denn wenn ich geheiratet hätte – den ersten Antrag habe ich bekommen, als ich 21 Jahre alt war –, würde ich heute sicher nicht hier sitzen und über die Frauenbewegung sprechen. Daß ich vor der Heirat Angst habe, liegt an meiner Familie: Ich habe zu viele autoritäre Männer gesehen, Männer, die ihre Frauen schlagen. Das prägt, auch wenn ich weiß, daß ich so etwas nie akzeptieren würde. Aber die Angst davor bleibt, und außerdem mag ich meine Freiheit. Ich will nicht sagen, daß ich frei bin, denn in Algerien ist das sehr schwierig, aber ich bin trotzdem ein bißchen freier, als wenn ich verheiratet wäre und Kinder hätte. Natürlich hat meine Familie mir deswegen Schwierigkeiten gemacht. Sie hat zwar keinen offenen Druck ausgeübt, aber ich habe trotzdem ständig die Erwartung gespürt, daß ich heiraten soll, weil eine unverheiratete Frau immer am Rand der Gesellschaft lebt. Sie haben sogar ein bißchen Recht, denn ich habe mein Leben lang am Rand gestanden, und ich werde am Rand stehen bleiben. Leicht auszuhalten ist das nicht. Vor zehn Jahren war es noch einfacher als heute, weil die Leute immer konservativer geworden sind. Sogar meine Freunde, die eigentlich eine ähnliche Auffassung haben wie ich, sagen inzwischen: »Warum heiratest du nicht? Du mußt dich verheiraten, guck dir doch unsere Gesellschaft an«, und so weiter. Das liegt an dem konservativen Umfeld. Ich spüre das sehr stark an den Studenten: Sie sind unfähig, zu protestieren. Ich sage mir: Wenn sie nicht mit zwanzig Jahren protestieren, werden sie auch mit vierzig nicht protestieren. Dieser starke Konservativismus macht mir Angst.

Obwohl ich persönlich nie eine Morddrohung erhalten habe, fühle ich mich bedroht, und zwar von der einen wie von der anderen Seite, weil ich Dinge sage, die vielen nicht gefallen. Aber meine Situation ist da nichts besonderes, denn inzwischen sind nicht mehr nur diejenigen bedroht, die besonders aktiv sind oder eine exponierte Funktion haben. Die ganze Bevölkerung ist betroffen. Ich habe mein Leben geändert, aber ich glaube, das haben alle Algerier getan. Es gab Zeiten, da bin ich morgens schon voller Angst aufgewacht. Wenn ich die Garage aufgemacht habe, um das Auto herauszuholen, habe ich mich nach rechts und links umgedreht. Jetzt haben wir die Angst verinnerlicht, das werden vermutlich viele Algerier sagen: Die Angst ist noch da, aber man lebt damit.

Wovor ich jetzt vor allem Angst habe ist, daß wir eines Tages gleichgültig werden. Wir reagieren jetzt schon nicht mehr auf alles, was passiert, und manchmal sage ich mir: Wir reagieren nicht genug. Ist das Gleichgültigkeit? Oder ist das eine Art, sich gegen die Trauer zu schützen? Oder kann man einfach nicht mehr systematisch auf all die Verbrechen, die Toten und die Bomben reagieren? Ich weiß es nicht.

Es ist schwer, damit zu leben, aber wir leben damit. Oft sagen die Leute: »Ihr seid mutig.« Das kommt daher, das wir noch immer an etwas festhalten. Wir glauben noch immer an eine Veränderung. Ich glaube, daß wir deshalb weitermachen.

Nassera »Algerische Vereinigung Demokratischer Frauen«

Nassera kommt abends in mein Hotel. Den Tag über hat sie irgendwo gearbeitet; was für einen Beruf sie hat, sagt sie mir nicht: Das könnte schon ein Detail zu viel sein, denn Anonymität ist für die Mitglieder der »Algerischen Vereinigung Demokratischer Frauen« (»Rassemblement Algerien des Femmes Democrates«, RAFD) lebenswichtig. Die Assoziation gehört zu den aktivsten; immer wieder sind Tausende auf die Straße gegangen, wenn die RAFD zu Demonstrationen aufgerufen hat. Innerhalb dieser Assoziation heißt die Frau in meinem Hotelzimmer Nassera. Während sich das Gespräch hinzieht, wird sie immer unruhiger: Es wird Nacht, und die Nacht ist für Aktivistinnen besonders gefährlich.

Wir haben innerhalb der RAFD die Abmachung getroffen, daß nur unsere Sprecherin, Zazi Sadou, Persönliches von sich preis gibt, denn sie ist national und international ohnehin bekannt und deshalb sowieso schon bedroht. Daher lebt sie im Untergrund. Viele Mitglieder der RAFD sind persönlich bedroht worden und stehen auf der Todesliste der Islamisten, aber es gibt auch einige wie mich, die ihre Familien nicht verlassen haben und weiter zur Arbeit gehen. Die Anonymität ist unser einziger Schutz, obwohl wir uns natürlich einige Vorsichtsmaßnahmen angewöhnt haben: Wenn wir das Haus verlassen, schauen wir uns gründlich nach rechts und links um, und wir vermeiden es, spät nach Hause zu kommen.

Ich gehöre innerhalb der RAFD zu den Verantwortlichen – RAFD ist übrigens nicht nur eine Abkürzung, es ist außerdem das arabische Wort für Verweigerung. Wir meinen damit die Verweigerung gegen einen islamistischen Staat. Frauen aus verschiedenen Assoziationen haben sich am 25.10.1993 zusammengetan, um gegen den islamistischen Staat zu kämpfen. Das war eine spontane Reaktion, denn damals gab es schon viele Tote, darunter auch Frauen. Wir haben zuerst ein sit-in vor dem Präsidentenpalast veranstaltet, weil in den Medien immer häufiger von Morden berichtet wurde. Der Terror nahm zu, aber der Staat hat nicht reagiert – wir hatten das Gefühl, daß der Staat überhaupt nicht existiert. Viele Frauen hatten sich schon vor dem Aufkommen des bewaffneten Fundamentalismus in Algerien zu Assoziationen zusammengeschlossen, um für ihre Rechte zu kämpfen. Viele von ihnen wollten den Terrorismus nicht einfach untätig hinnehmen.

Die Situation war seit Januar 1993 immer ernster geworden. Eine Schülerin wurde ermordet, weil sie sich geweigert hatte, den Schleier zu tragen. Junge Frauen wurden ermordet, weil sie zur Arbeit gingen – das war der einzige Grund. Über die Morde an Intellektuellen wurde häufig berichtet, aber in Wirklichkeit waren schon damals Menschen aus allen sozialen Schichten betroffen. Und die Attentate wurden auch immer willkürlicher, das heißt, man konnte selbst dann nicht mehr sicher sein, nicht ermordet zu werden, wenn man sich den Vorschriften der Islamisten gebeugt hat: 40 Prozent der Frauen, die ermordet worden waren, trugen den Schleier. Wir mußten uns also um jeden Preis organisieren, um die demokratische Bewegung zu verstärken und um zu verhindern, daß der Fundamentalismus in Algerien die Oberhand gewinnt.

Ich habe darüber nachgedacht, warum es so weit kommen konnte, denn schließlich haben die Frauen im Unabhängigkeitskrieg gegen die Franzosen mitgekämpft, sie hatten in der Gesellschaft eine wichtige Stellung. Aber nachdem Algerien unabhängig geworden war, wurden die Frauen an den Herd zurückgeschickt. Sie wurden nach und nach entrechtet, auch wenn sie die ganze Zeit weiter für ihre Rechte gekämpft haben. Wenn wir die gegenwärtige Situation analysieren, dann ist es uns immer wichtig, darauf hinzuweisen, was nach der Unabhängigkeit in Algerien passiert ist: Es gab von Anfang an einen Kompromiß zwischen Islamismus und Modernität. Das System hat dem Fundamentalismus seit der Unabhängigkeit das Bett gemacht. Jedesmal, wenn über die Rechte der Frauen diskutiert wurde, kam man auf den Islam zurück, denn innerhalb des Regime gab es einen starken islamistischen Flügel. Die Frauen haben schon damals ihre Bürgerrechte und ihre sozialen Rechte eingeklagt und versucht, einen Rückschritt zu verhindern. Dabei haben wir damals noch nicht einmal geahnt, daß eines Tages eine fundamentalistische Partei erlaubt werden würde, die vor allem die Frauen terrorisieren würde. Die FIS hat direkt nach ihrer Gründung mit den Terrorkampagnen gegen die Frauen angefangen. Die FIS hat die Gewalt immer mit dem Abbruch der Wahlen im Januar 1992 gerechtfertigt, aber die ersten Terrorakte gegen Frauen gab es schon 1989. Eine fundamentalistische Miliz hat damals das Haus einer Frau angezündet, die 850 km südlich von Algier lebte. Sie war geschieden und lebte mit ihren sieben Kindern zusammen. Sie war Analphabetin und sehr arm, sie hatte keine Arbeit. Die Fundamentalisten haben entschieden, daß eine alleinstehende Frau eine Gefahr für die islamische Moral sei und die Frau deshalb aufgefordert, das Dorf zu verlassen. Sie erwiderte, sie habe keinen Ort, an den sie gehen könne. Daraufhin hat die islamistische Miliz beschlossen, sie durch Feuer zu vertreiben und das Dorf durch Feuer moralisch zu reinigen. In der Nacht haben sie ihr Haus in Brand gesetzt. Die Frau ist gerannt, um die Gendarmerie zu verständigen. Ihre Kinder konnten bis auf das Jüngste alle fliehen. Ihr jüngster Sohn hieß Ali, er war drei Jahre alt und behindert. Er ist im Feuer umgekommen. Einen Monat später hat ein Islamist seine eigene Schwester bei lebendigem Leibe verbrannt, weil sie sich geweigert hatte, ihre Arbeitsstelle aufzugeben. Im Frühling 1990 gab es eine regelrechte Brandkampagne gegen Frauen, deren Leben nach Meinung der radikalen Islamisten unmoralisch war. In einigen Städten haben bewaffnete islamische Milizen Internate umstellt und so für Frauen nach 18.00 Uhr eine Ausgangssperre durchgesetzt.

Die FIS hat sich mit ihrer Propaganda vor allem an die Jugendlichen gewandt, die zum großen Teil arbeitslos sind. Die FIS hat gesagt: Wenn die Frauen zu Hause blieben, hätten wir das Problem mit der Arbeitslosigkeit nicht – was übrigens Unsinn ist, denn in Algerien waren damals nur 360.000 Frauen erwerbstätig, obwohl sie die Hälfte der Bevölkerung ausmachen, und in Algerien leben fast 27 Millionen Menschen. Die FIS hat einen Teil der jugendlichen Bevölkerung gegen die Frauen aufgebracht, und der Staat hat nichts gegen diese Kampagnen unternommen. In den Moscheen wurden Reden gehalten, die den Haß gegen Frauen geschürt haben, aber das Regime hat vor dieser Entwicklung die Augen verschlossen.

Die Frauen waren die ersten, die auf die Straße gegangen sind, denn dank der Reden, die überall verbreitet wurden, wußten wir genau, was auf uns zukommt. Wir hatten keine Angst, aber wir waren entschlossen, zu kämpfen. Wir wußten, daß wir eine Chance haben, obwohl die FIS ihre Politik im Namen des Islam macht, und der Islam ist den Algeriern heilig. Die meisten Algerier sind Moslems, und sie sind ängstlich darauf bedacht, daß die Regeln des Islam nicht verletzt werden. Aber der Islam, den wir hier in Algerien kennen, hat nichts mit diesem politisierten Islam zu tun, der aus Afghanistan, Sudan und Iran importiert worden ist. In Afghanistan haben viele Algerier mitgekämpft; sie haben diese extremistischen Ideen mit nach Hause gebracht.

Was die Rechte der Frauen angeht, hat das Problem jetzt eine ganz andere Dimension bekommen: Wir können zwar verlangen, daß das Familiengesetz abgeschafft wird, aber wenn man die Islamisten gewähren läßt und sie morgen ihren Staat errichten, dann werden sie ihre Gesetze erlassen, egal, was wir vorher für die Frauen erreicht haben. Wir als Algerierinnen haben immerhin das Glück – wenn man da von Glück sprechen will –, daß wir die Verhältnisse im Sudan oder in Iran als abschreckende Beispiele vor Augen haben. So weit wollen wir es nicht kommen lassen. Wir haben im Unabhängigkeitskrieg mitgekämpft, und wir haben uns danach eine gewisse politische, soziale und wirtschaftliche Position in der algerischen Gesellschaft erkämpft. Das alles soll nicht umsonst gewesen sein.

30 Jahre lang haben die Algerier ihre Rolle als Bürger nicht spielen können, sie waren fast unmündig. Sie haben schließlich auf etwas mehr Freiheit gehofft, und sie haben dabei auf die islamistischen Parteien gesetzt, weil sie geglaubt haben, daß diese Parteien Gerechtigkeit schaffen würden. Der Islam, den wir von unseren Eltern und Großeltern gelernt haben, ist das Synonym für Gerechtigkeit und Toleranz. Viele haben die FIS aus diesem Grund gewählt, andere wollten einen radikalen politischen Wandel. Viele von ihnen merken jetzt, daß sie getäuscht worden sind, denn die Gewalt eskaliert. Vielen wird jetzt bewußt, daß die Religion für politische Zwecke mißbraucht worden ist. Daß es diese Entwicklung im Bewußtsein gibt, ist das Positive an dem Drama, das wir durchleiden. Die Präsidentschaftswahl vom 16. November 1995 hat diese Abkehr vom Fundamentalismus deutlich gezeigt: Das Volk hat nicht für Zéroul gestimmt, nicht für ein System, das seit 30 Jahren dasselbe ist, sondern gegen den Terror und gegen den Mißbrauch der Religion. Für uns ist diese Wahl noch immer ein klares Zeichen dafür, daß die Mehrheit der Algerier keinen islamistischen Staat will.

Innerhalb der RAFD gibt es einen harten Kern von vielleicht 15 bis 20 Frauen, die die Arbeit machen. Die Mitglieder dieses harten Kerns werden immer wieder ausgetauscht, so daß einige arbeiten, andere wieder in Vergessenheit geraten. Dann gibt es Frauen, die wegen der Sicherheitslage ausschließlich im Hintergrund arbeiten, und wir haben Verbindungen zu anderen Gruppen, die in Algier und in einigen anderen Städten arbeiten. So haben wir es geschafft, verschiedene Demonstrationen zu organisieren, zum Beispiel die große Versammlung der Demokraten am 22. März 1994. Zehntausende haben demonstriert. Verläßliche Angaben über die Teilnehmerzahl gibt es nicht, aber das war mit Sicherheit die größte Demonstration, die bis dahin in Algerien stattgefunden hat. Die Menschen sind gegen den Terror und gegen den Fundamentalismus auf die Straße gegangen. Kurz vorher hatte eine Serie von Attentaten stattgefunden; dabei wurde auch der Direktor der Kunsthochschule getötet. Die Studenten der Kunsthochschule haben sich unserer Demonstration angeschlossen. Sie war ein großer Erfolg. Kurz davor, am 8. März, hatten wir anläßlich des Frauentages zur Demonstration aufgerufen. Trotz der tödlichen Bedrohung durch die Islamisten sind so viele Frauen auf die Straße gegangen, daß der Verkehr zusammenbrach. Die Sicherheitskräfte haben die Demonstrantinnen gebeten, doch wenigstens die Hauptstraße zu räumen, aber das hat die Frauen nicht beeindruckt.

Im darauffolgenden Jahre haben wir zum 8. März etwas völlig anderes gemacht: Wir haben ein symbolisches Tribunal organisiert, vor dem wir die verantwortlichen Fundamentalisten angeklagt und verurteilt haben. Wir haben den ehemaligen Präsidenten Chadli angeklagt, weil er eine islamistische Partei zugelassen hat, obwohl unsere Verfassung das klar verbietet. Außerdem Abassi Madani und Ali Belhadj, die beiden Führer der FIS. Wir haben auch die FIS-Mitglieder vor unseren symbolischen Gerichtshof gestellt, die inzwischen im Ausland sind: Rabah Kebir, der in Deutschland Asyl bekommen hat und von da aus seine Parolen verbreitet; außerdem Anouar Haddam, der in den USA im Exil ist. Wir haben einigen Führern der »Islamischen Armee des Heils« (AIS) den Prozeß gemacht und auch die Führer der GIA vor unser symbolisches Tribunal gestellt. Wir haben sie alle verurteilt.

Abgesehen von solchen Veranstaltungen und Demonstrationen geben wir Broschüren mit Informationen heraus, wir suchen den Informationsaustausch mit unseren Mitgliedern und Sympathisantinnen. Das ist wichtig, weil die Regierung viele Informationen unterdrückt. Außerdem beraten wir Frauen, die sich in einer ähnlichen Struktur wie der RAFD organisieren wollen, und wir suchen den Kontakt zu denjenigen, die bisher noch keine Verbindung zu irgendeiner Assoziation haben. Wir wollen diesen Frauen klar machen, was der Unterschied ist zwischen dem Islam und der Ideologie der Islamisten, die die Religion für ihre Zwecke mißbrauchen.

Wir wollen den Frieden, aber der Frieden hat seinen Preis. Ich glaube, daß wir demokratischen Frauen bereits teuer genug bezahlt haben. Jetzt ist der Staat an der Reihe: Der Staat muß denen den Krieg erklären, die einen Krieg gegen die Bevölkerung führen – denn darum handelt es sich: um einen Krieg. Denen, die zu den Waffen gegriffen haben und der wehrlosen Bevölkerung nicht die geringste Überlebenschance lassen, kann man nicht vergeben. Die Regierung ist im Umgang mit den Terroristen nicht konsequent: In bestimmten Momenten erklärt sie den Untergrundgruppen den Krieg, im nächsten Moment verhandelt sie wieder mit den Kadern der FIS. Wir sehen keinen Unterschied zwischen den politischen Führern und den bewaffneten Gruppen, denn die Kader der FIS haben diese Gruppen dazu ermutigt, zu den Waffen zu greifen. Die Regierung will uns jetzt glauben machen, daß es gemäßigte Islamisten geben könne, aber innerhalb einer faschistischen Bewegung kann es nie gemäßigte Faschisten geben. Selbst wenn die Wortführer keine Waffen benutzen – sie benutzen andere Mittel für dieselben Ziele. Wir Frauen von der RAFD sehen da keinen Unterschied.

Daß sich die Sicherheitslage entschärft, ist für alles weitere entscheidend. Wenn zum Beispiel Wahlen stattfinden sollen – wie soll die Opposition einen angemessenen Platz im Parlament bekommen, wenn man keine normale Versammlung abhalten kann, wenn man sich nicht frei bewegen kann? Werden die Parlamentswahlen die Probleme der Algerier lösen können? Das ist vielleicht die Frage, die man sich stellen muß. Wenn die Algerier bis dahin unter denselben Umständen weiterleben wie bisher, bin ich versucht zu sagen: Nein.

Fatima Bouferik »Algerische Frauen, die ihre Rechte einklagen«

Mit Fatima Bouferik bin ich durch »Bel Air« gezogen, das volkstümliche Stadtviertel von Oran. Sie hat mich mit den Frauen dort bekannt gebracht, zum Beispiel mit Selima Amrani und Fatiha Chérif (siehe Seiten 38 bis 41). Die 37jährige Akademikerin ist in einer der engen Wohnungen hier groß geworden, und ihr Verhältnis zu ihren früheren Nachbarinnen ist noch immer ausgesprochen herzlich. Ihre regelmäßigen Besuche in »Bel Air« versteht Fatima Bouferik auch als Teil ihrer Arbeit in der Assoziation »Algerische Frauen, die ihre Rechte einklagen« (»Femmes Algeriennes Revendiquant Leurs Droits«, F.A.R.D.) Fatima Bouferik hat Wirtschaftswissenschaft studiert und arbeitet als Lehrerin. Sie ist Mutter einer 12jährigen Tochter und eines 11jährigen Sohnes.

Am 8. März 1995 hatten wir die Idee, unsere Assoziation zu gründen. Offiziell gibt es uns allerdings erst seit vier Monaten, denn es dauert immer eine ganze Zeit, bis ein solches Projekt dann wirklich etabliert ist. Bis die Statuten fertig sind und alles auch juristisch abgesegnet ist.

Wir verteidigen die Rechte der Frauen im weitesten Sinne dieses Wortes, wir fordern die Anerkennung ihrer vollen Bürgerrechte. Die algerische Verfassung erkennt die Gleichheit aller Bürger an, sie macht keinen Unterschied nach Geschlecht, Rasse oder Religion. Dem widerspricht aber das algerische Familiengesetz, das die Verhältnisse innerhalb der Familie regelt und die Frauen klar diskriminiert. Hinzu kommt, daß zur Zeit viele Errungenschaften und Rechte, die sich die Frauen seit dem Unabhängigkeitskrieg erkämpft haben, in Frage gestellt werden – und zwar sowohl durch die fundamentalistische Bewegung als auch durch das Regime. Zum Regime zähle ich auch den »Nationalen Übergangsrat« (»Conseil National Transitoir«, CNT), der den Mädchen per Gesetz ihr Recht auf die Teilnahme am Sportunterricht wieder entziehen wollte. Während die Jungen Sport machen, sollen die Mädchen an Näh- oder Kochkursen teilnehmen. Die Frauenassoziationen konnten das durch ihren Protest noch verhindern, aber Sie sehen daran, daß wir noch immer ständig wachsam sein müssen, obwohl wir schon einige Rechte der Frauen erkämpft haben. Lassen Sie mich ein weiteres Beispiel dafür nennen: Bei den ersten pluralistischen Wahlen in Algerien, den Kommunalwahlen von 1990, sollte der Mann zunächst das Recht haben, für seine Ehefrauen zu stimmen, wenn er das Familienstammbuch vorlegt. Da die Polygamie erlaubt ist, ein Mann also vier Frauen haben darf, hätte er im Extremfall fünf Stimmen abgeben können. Das Gesetz war bereits verabschiedet, doch die Frauenassoziationen haben dagegen protestiert. Wir haben wenigstens noch eine Reform erreicht, nämlich die, daß ein Mann nur noch an Stelle seiner Frau wählen darf, wenn er eine Vollmacht von ihr vorweisen kann. Das war immerhin eine Verbesserung, aber wir wissen alle, daß die Frauen in der Familie nicht viel zu sagen haben und daß sie von ihren Männern leicht dazu gezwungen werden können, eine solche Vollmacht auszustellen. Und so war es denn auch: Viele der Frauen hatten Angst vor ihren Männern und haben ihnen eine Vollmacht unterzeichnet. Die Frauenbewegung hat deshalb weitere Veränderungen gefordert und auch erreicht. Bei den Präsidentschaftswahlen im November 1995 durfte kein Mann anstelle seiner Frau wählen, selbst dann nicht, wenn er eine Vollmacht vorgelegt hat. Ausnahmen wurden nur gemacht, wenn die Frau aus triftigen Gründen nicht selbst wählen gehen konnte, etwa weil sie krank oder im Ausland war. Deshalb sind bei den Präsidentschaftswahlen auch deutlich mehr Frauen wählen gegangen, und es gab einige Wahlbüros, in denen man nur Frauen angetroffen hat.

Es gibt in Algerien viele Frauenassoziationen; die meisten kämpfen ausschließlich für die politischen und juristischen Rechte der Frauen. Wir, die Frauen von der F.A.R.D., glauben allerdings, daß es nicht reicht, wenn die Frau politisch und juristisch gleichberechtigt ist, denn wenn sie wirtschaftlich nicht unabhängig und sozial nicht anerkannt ist, helfen ihr ihre politischen und juristischen Rechte wenig. Diese Rechte bestehen dann nur auf dem Papier. Deshalb kämpfen wir dafür, daß die sozialen und wirtschaftlichen Rechte der Frauen anerkannt werden, vor allem ihr Recht auf Arbeit. 53 Prozent der Algerier sind Frauen, aber ihr Anteil an der erwerbstätigen Bevölkerung liegt bei nur vier Prozent. Sie arbeiten vor allem im Gesundheitswesen, das heißt als Ärztinnen, Krankenschwestern und Apothekerinnen, außerdem im Bildungswesen.

Unsere Assoziation versucht, den Frauen Ausbildungsgänge auf unterschiedlichem Niveau anzubieten. Es gibt beispielsweise viele Frauen, die im informellen Sektor arbeiten. Diese Frauen wollen wir qualifizieren, damit ihre Arbeit anerkannt wird und sie für ihre Leistungen angemessen entlohnt werden. Was die wirtschaftliche Gleichberechtigung angeht, stellt sich auf der Ebene der Gesetzestexte kein Problem, danach gilt das Prinzip: »Gleiche Arbeit – gleicher Lohn«. Doch das ist noch lange nicht Praxis, denn die algerische Gesellschaft ist sehr rückständig – selbst bei unseren intellektuellen und demokratischen Mitbürgern sitzen die Vorbehalte gegenüber Frauen tief.

Die F.A.R.D. versucht bei ihrer Arbeit in einem ersten Schritt, die Frauen dazu zu bringen, daß sie das Haus verlassen. Viele tun das bisher nur, um ihre Familie zu besuchen, und dann werden sie von ihrem Ehemann begleitet. Oder sie gehen ins Bad, in den Hammam. Aber es gibt eine Menge Frauen, die nie aus dem Haus gehen, um beispielsweise zu arbeiten oder an einer Kulturveranstaltungen teilzunehmen. Es gibt Frauen, die noch nicht einmal ihre Kinder zur Schule begleiten dürfen, weil entweder ihr Mann das nicht will, oder weil der erwachsene Sohn seiner Mutter verbietet, das Haus zu verlassen. Eine meiner Tanten zum Beispiel lebt in einem Dorf. Ich habe sie nur ein Mal gesehen, weil ihr Mann ihr verbietet, das Haus zu verlassen. Auch ihre Söhne, die inzwischen erwachsen sind, wollen nicht, daß ihre Mutter aus dem Haus geht. Das einzige Mal, daß ich meine Tante gesehen habe, war anläßlich des Todes meiner Großmutter. Seitdem habe ich sie nie wiedergesehen, noch nicht einmal, als eine Cousine von mir ermordet worden ist. Ihr Mann fand, das sei nicht Grund genug, um das Haus zu verlassen.

Unsere Assoziation sucht also nach Mitteln, um die Frauen aus dem Haus zu locken. Wenn wir das schaffen, haben wir ein Tabu gebrochen. Das gelingt uns immer wieder, am 8. März diesen Jahres hatten wir beispielsweise großen Erfolg. In diesem Jahr fiel der 8. März auf einen Freitag. Für Moslems ist das ein heiliger Tag, an dem sich die Frauen eigentlich um die Familie kümmern müssen. Trotzdem haben wir es geschafft, hier in Oran 500 Frauen für eine kulturelle Veranstaltung auf die Straße zu bekommen und zum Tanzen zu bringen – und das, obwohl weder Radio, Fernsehen noch Zeitung unsere Veranstaltung angekündigt hatten.

Fünf Millionen Algerierinnen können weder lesen noch schreiben. Vor allen weiteren Schritten muß zunächst einmal dagegen etwas unternommen werden. Die Frauenassoziationen können dieses Problem nicht lösen, es ist Aufgabe des Staates, sich um ein Problem dieser Größenordnung zu kümmern. Die Regierung kümmert sich allerdings nicht darum, genauso wenig wie um die Bevölkerungsexplosion. Aber wir, die Frauen in den Assoziationen, können und wollen nicht mehr leisten, als die Arbeit des Staates in bestimmten Bereichen zu ergänzen. Wir haben in der Vergangenheit gehandelt wie die Feuerwehrleute: Wir sind gelaufen, wenn es ein Problem gab, das keinen Aufschub geduldet hat, aber das hat uns im Laufe der Jahre ermüdet, denn so kann man nur auf punktuelle und konjunkturelle Probleme reagieren.

Das reicht uns nicht mehr, und deshalb versucht die F.A.R.D. jetzt, ein langfristiges Programm zu entwickeln. Wir haben hier in Oran ein Büro mit 12 Mitarbeiterinnen und bereits rund hundert aktive Mitglieder, obwohl wir erst seit vier Monaten offiziell existieren. Wir haben vier Ausbildungsprojekte entwickelt, die sich je nach Zielgruppe unterscheiden.

Das erste, das im Sommer 1996 starten soll, richtet sich an Frauen, die bereits Mitglied in einer Assoziation sind, die einer Assoziation beitreten wollen, oder die andere Mitglieder in Assoziationen weiterbilden wollen. Mit Hilfe dieses Projektes wollen wir die Organisationsstruktur der Assoziationen verbessern. Wir machen das in Kooperation mit einer algerisch-französischen Assoziation, sie heißt »Frauen und Entwicklung in Algerien« (»Femmes et Developpement en Algerie«) und wurde gegründet, um Algerierinnen bei konkreten ökonomischen Projekten zu unterstützen.

Diese algerisch-französische Assoziation finanziert auch unser zweites Projekt: Wir wollen eine Schneiderwerkstatt eröffnen und Nähkurse für Analphabetinnen anbieten. Da wir leider nicht die Mittel haben, um ihnen kurzfristig lesen und schreiben beizubringen, versuchen wir, ihnen mit dieser Ausbildung wirtschaftlich zu helfen. Wir hoffen, daß ihre Produkte dadurch besser werden und sich besser verkaufen. »Frauen und Entwicklung in Algerien« hat damit schon Erfahrung, denn sie hat auf diese Weise bereits Frauen in Algier ausgebildet. Die Frauen bekommen Nähmaschinen und Stoffe geliefert, die Produkte werden in einem Laden in Brüssel verkauft. Der Erlös fließt in Form von Materialien an die Frauen in Algier zurück.

Für Frauen mit einem mittleren Bildungsniveau wollen wir eine Ausbildung zur Bürokraft anbieten, die auch kaufmännische Elemente enthält.

Und schließlich haben wir ein viertes Projekt, das von einem privaten Ausbildungsinstitut organisiert wird: die Weiterbildung von Managerinnen. Denn es gibt Managerinnen, auch wenn sie nicht sehr zahlreich sind. Wir wollen ihr Niveau so weit wie möglich heben, damit die Anerkennung von Frauen in Führungsetagen allgemein steigt. Wir machen das natürlich auch in der Hoffnung, dadurch langfristig eine Lobby von Managerinnen zu schaffen.

Wir können mit der Assoziation nicht mehr so arbeiten, wie wir das früher in der Frauenbewegung konnten: Es ist zu gefährlich. Das ist mit ein Grund dafür, daß wir den Frauen keine Ausbildung in ihren Stadtvierteln anbieten können: Die meisten wohnen in volkstümlichen Vierteln, in denen die Situation sehr angespannt ist und die oft Hochburgen der Islamisten sind. Früher sind wir noch von Haus zu Haus gegangen, um mit den Frauen zu diskutieren und sie zu kulturellen Aktivitäten einzuladen, aber das geht nicht mehr. Wir können auf der Straße auch keine Flugblätter mehr verteilen oder Zeitungen verkaufen. Bevor wir zu einer Demonstration aufrufen, müssen wir die Sicherheitskräfte um Schutz bitten und den Ablauf bis ins kleinste Detail durchdenken, um möglichst alle Risiken auszuschließen. Man weiß nie, was passieren kann. Wir arbeiten halb im Untergrund; alles andere wäre zu gefährlich, obwohl Oran im Vergleich zu Algier ausgesprochen ruhig ist.

Benazza Sanya »Algerische Ärztinnen«

Benazza Sanya ist niedergelassene Allgemeinmedizinerin und Mitglied der Assoziation »Algerische Ärztinnen« (»Femmes Algeriennes Medcines«), die im Frühjahr 1996 in Oran gegründet wurde. Die 38jährige ist unverheiratet und hat keine Kinder.

Unter den Medizinern gibt es in Algerien viel mehr Männer als Frauen, deshalb haben wir unsere Assoziation gegründet: Wir Ärztinnen wollten es uns leichter machen, aufeinander aufmerksam zu werden und zueinander zu finden. Gemeinsam wollen wir unsere Arbeit für die Frauen, für die Patientinnen verbessern. Wir kümmern uns vor allem um den Bereich der Gynäkologie und um Fragen der Verhütung, denn das ist in Algerien ein großes Problem. Uns geht es allerdings nicht nur um Schwangerschaftsverhütung, wir wollen mit den Frauen auch über ihre sexuellen Bedürfnisse sprechen.

Es ist schwierig, über die Sexualiträt der Frau zu sprechen, denn das ist noch immer ein Tabu. Vor allem auf dem Land gibt es viele Frauen, die jedes Jahr schwanger werden, weil sie entweder die Pille nicht kennen, oder weil ihr Ehemann ihnen verbietet, die Pille zu nehmen, denn nach seinem Verständnis verbietet der Islam die Verhütung. Für die Geburtenregelung ist es natürlich nötig, über den Aufbau der Geschlechtsorgane und ihre Funktion zu reden, denn es gibt viele Mädchen, die nicht wissen, wie ihre Gebärmutter aufgebaut ist – von den Männern ganz zu schweigen. Wenn die Mädchen dann einen Freund haben, sind sie plötzlich schwanger, ohne zu wissen, warum. Bei uns spricht man nicht von Verhütung, sondern davon, die Abstände zwischen den Geburten zu verlängern. Es heißt, man könne eine Schwangerschaft zwei Jahre lang verhindern, wenn man in dieser Zeit stillt. Die religiösen Autoritäten sprechen nur von dieser sogenannten »Verlängerung«, nicht von einer Verhütung der Schwangerschaft.

Natürlich ist das alles nicht nur eine Frage der Religion, sondern auch der Mentalitäten und Traditionen. Die Bevölkerung hängt überwiegend einem sehr rückständigen Islam an, und deshalb heißt es immer wieder: Je mehr Kinder eine Frau bekommt, desto mehr Ehre hat sie vor Gott.

Die Regierung ist das Problem der Geburtenregelung nie entschieden angegangen. Das liegt auch an Artikel zwei der algerischen Verfassung: Der Islam ist Staatsreligion. Auf dieses Grundproblem stoßen wir bei unserer Arbeit immer wieder. Das Bevölkerungswachstum in Algerien liegt bei drei Prozent und gehört damit zu den höchsten der Welt. Abtreibungen sind natürlich völlig tabu und verboten. Weil Mediziner keine Abtreibungen vornehmen dürfen, gibt es Frauen, die dafür traditionelle Praktiken anwenden und sich dabei umbringen, weil sie keine andere Möglichkeit sehen, um weitere Kinder zu verhindern. Wir fordern deshalb das Recht der Frauen auf Verhütung und Abtreibung.

Alle diese Probleme muß man vor dem Hintergrund der schwierigen wirtschaftlichen Gesamtlage sehen, die auch die medizinische Versorgung beeinträchtigt. Die Frauen haben vielleicht noch das Geld, um einen Arzt zu bezahlen, aber Medikamente? Die sind so teuer geworden, daß viele Frauen sich keine mehr leisten können, und weil die meisten Frauen nicht erwerbstätig sind, sind sie auch nicht krankenversichert. Früher waren Arztbesuche kostenlos, heute nicht mehr; die Patienten müssen eine symbolische Summe von 50 Dinar bezahlen. Medikamente waren früher billig, sie wurden subventioniert. Das war alles kein Problem, Algerien war reich, das Land hat Öl. Aber wegen der Wirtschaftskrise und durch das Strukturanpassungsprogramm des Internationalen Währungsfonds ist der Preis für Medikamente enorm gestiegen. Manche Produkte sind um 300 Prozent teurer geworden; das liegt an der Inflation und an dem fallenden Wechselkurs des Dinar. Denn in Algerien gibt es – anders als etwa in Marokko oder Tunesien – keine pharmazeutischen Labors. Also müssen alle Medikamente importiert werden, und Devisen sind knapp. Die Preisexplosion gilt vor allem für wichtige Medikamente wie Antibiotika, Entzündungshemmer, Desinfektionsmittel, Insulin oder Asthmamittel – also Mittel gegen chronische Erkrankungen. Die Preise für rezeptfreie Medikamente haben sich fast verdoppelt. Wir beobachten deshalb ein neues Phänomen: Der Kranke kommt mit seinem Rezept zum Apotheker und sagt: »Ich habe 500 Dinar, gib mir dafür Medikamente.« Der Arzt hat ihm vielleicht Mittel verschrieben, die erst in der Kombination wirken, aber weil der Kranke sich nicht alle zusammen leisten kann, kauft er nur für 500 Dinar. Der Apotheker sucht die Medikamente nur noch nach dem Preis aus, nicht mehr nach den therapeutischen Erfordernissen.

Die Frauen zahlen mit ihrer Gesundheit einen höheren Preis für die wirtschaftliche Krise als die Männer. Wenn es in unserer traditionellen Gesellschaft eine Mahlzeit gibt, bekommt zuerst der Mann zu essen, weil er arbeitet und Kräfte braucht. Dann die Kinder, weil sie wachsen. Wenn etwas übrig bleibt, bekommt das die Frau. Wenn nichts übrig bleibt, ißt sie nichts.

Um diese Probleme, die ja mit Mentalitäten zu tun haben, zu lösen, müßte man an der Basis anfangen, also in der Schule. Aber gerade dort haben wir uns einen guten Teil unserer Probleme geschaffen, denn in der Schule haben sie die Islamisten herangezogen.

Wir Frauen in den Assoziationen können alle diese Probleme nicht lösen, wir können nur Anstöße geben. Dafür braucht es Mut, denn es wird Zeit brauchen, bis sich etwas ändert. Ich habe selbst keine Kinder, aber trotzdem eine langfristige Vision: Wir müssen die kommende Gesellschaft vorbereiten. Es wird einen radikalen Wandel geben, davon bin ich überzeugt. Wir sind da, um auf diesen Wandel hinzuarbeiten.

Vom Unabhängigkeitskrieg zum Bürgerkrieg

Die Perspektive der ehemaligen Partisaninnen

»In Algier herrscht der Terror. Die Leute gehen trotzdem aus dem Haus, denn wer seinen Lebensunterhalt verdienen muß oder einfach Besorgungen zu erledigen hat, der muß aus dem Haus gehen, und sie gehen hinaus, ohne recht zu wissen, ob sie zurückkommen oder auf der Straße erschossen werden. Soweit ist es mit uns allen, den Mutigen und den Feiglingen, gekommen, und man muß sich fragen, ob solche Zuordnungen wirklich noch Bestand haben oder ob sie nicht Illusionen ohne Bezug zur Realität sind. Nein, man kann die Mutigen von den Feiglingen nicht mehr unterscheiden. Zumindest sind wir alle, weil wir in Angst leben, unsensibel und leichtfertig geworden. Natürlich will ich nicht sterben und möchte auch um keinen Preis, daß meine Kinder sterben, aber ich treffe keine besonderen Vorkehrungen ... «

... notierte der algerische Schriftsteller Mouloud Ferraoun in sein Kriegstagebuch. Das war am 14. März 1962. Wenig später wurde er von einem bewaffneten Kommando erschossen. Der Mord wurde nie aufgeklärt, doch als Täter galten Mitglieder der französischen Terrororganisation OAS. Seitdem sind drei Jahrzehnte vergangen, doch die Schreckensszenarien von damals und heute ähneln sich.

Der algerische Unabhängigkeitskrieg gegen Frankreich dauerte fast acht Jahre und zählt zu den blutigsten der Kolonialgeschichte. Am 1. November 1954 riefen Mitglieder der »Nationalen Befreiungsfront« (»Front de Libération Nationale«, FLN) den bewaffneten

Aufstand aus, dem sich in den folgenden Jahren auch zahlreiche Frauen anschlossen. Die französischen Militärs und Terrororganisationen, von ihrer »zivilisatorischen Mission« überzeugt, warfen Napalmbomben auf Dörfer, legten Bomben in den Städten, ermordeten ihre mutmaßlichen Gegner und folterten ihre Gefangenen. Terrorisiert wurde die Zivilbevölkerung auch von den algerischen Partisanen der »Nationalen Befreiungsarmee« (»Armée de Libération National«, ALN) und der »Nationalen Algerischen Bewegung« (»Mouvement National Algérien«, MNA). Bei Machtkämpfen innerhalb der algerischen Nationalisten sollen 10.000 Menschen umgebracht worden sein. Rund eine Million Menschen wurden Opfer des Krieges, bis Algerien am 5. Juli 1962 nach 132 Jahren Kolonialherrschaft unabhängig wurde.

Viele der ehemaligen Partisaninnen, der Moudjahidattes, waren in den kommenden Jahrzehnten in der entstehenden Frauenbewegung aktiv.

Fettouma Ouzegane Lehrerin

Nachdem ihr Mann unter der Folter der Franzosen während des Unabhängigkeitskrieges gestorben war, zog Fettouma Ouzegane die beiden gemeinsamen Kinder alleine groß. Die 68jährige ehemalige Lehrerin ist Mitglied der Vereinigung ehemaliger Partisanen (»Organisation Nationale des Moudjahidines«, ONM), seit 30 Jahren in der Frauenbewegung aktiv und Mitglied mehrerer Assoziationen, die seit 1989 gegründet wurden. Bei einer – verbotenen – Demonstration zum internationalen Frauentag ist sie mir 1996 aufgefallen, weil sie mit den anwesenden Militärs besonders lautstark stritt, um die Demonstration doch noch durchzusetzen. Die Auseinandersetzung zog sich auf einer sternförmigen Straßenkreuzung im Zentrum von Algier über mehrere Stunden hin – durchaus keine ungefährliche Situation für die Demonstrantinnen, denn bewaffnete Fundamentalisten hätten genug Zeit gehabt, um ein Attentat auf die Gruppe in aller Ruhe durchzuführen; die wenigen Sicherheitskräfte hätten das kaum

*verhindern kommen. Doch von den Frauen schien keine sonderlich beun-
ruhigt zu sein.*

Ich fühle mich bedroht, aber das ist in der gegenwärtigen Situation
etwas ganz Normales. Das ganze algerische Volk ist bedroht, denn
der Terror geht von beiden Seiten aus. Da ist zunächst einmal der
Terror des Regime. Viele Menschen sind ganz gezielt ermordet worden, und die Mörder hatten offensichtlich sehr detaillierte Informationen über ihre Opfer. Nur ein Staat kann so viele Informationen
über einzelne Leute sammeln. Natürlich gibt es auch die bewaffneten Untergrundgruppen, aber normalerweise sollte ein Staat in der
Lage sein, solche Gruppen nach einem oder zwei Jahren unter Kontrolle zu bringen. Man kann einen solchen Terrorismus natürlich
nicht nur durch Waffen beherrschen, aber davon einmal abgesehen,
hat das Regime durchaus Interesse daran, daß der Terrorismus weitergeht. Der frühere Premierminister Hamrouche[1] hat einmal gesagt: »Man muß die FIS erhalten, damit sich das Volk auf diesen
Abzeß fixiert.« Das bringt die Haltung des Regime auf den Punkt.
Es schiebt der zivilen Gesellschaft die Schuld für die gegenwärtige
Krise zu und behauptet, die Bevölkerung sei noch nicht reif für die
Demokratie. Aber das ist Unsinn; die Algerier haben schon mehrfach gezeigt, wie engagiert sie sich für ihre Gesellschaft einsetzen.
Das beweist doch, daß sie für die Demokratie reif genug sind – nur
das Regime ist noch nicht so weit.

Der Terror geht also weiter. Die Regierung spricht immer von
einem »Restterrorismus«, doch davon kann keine Rede sein. Ob
Frau oder Mann, jeder ist heute tödlich bedroht. Unter den Toten
sind Polizisten, Militärs und deren Familien, Untergrundkämpfer
und deren Angehörige, außerdem Algerier aus allen sozialen
Schichten und politischen Gruppierungen, religiöse und weniger
religiöse Menschen.

---

1 Mouloud Hamrouche, Ministerpräsident von 1989 bis 1991. Er bemühte sich um
   Reformen innerhalb des Systems, um eine Wiederholung der Unruhen von 1988
   und den völligen Zusammenbruch des Systems zu verhindern.

Wir wollen unser Leben deshalb aber nicht ändern, sondern gegen den Terror kämpfen, und dieser Kampf spielt sich vor allem im Alltag ab. Man ist natürlich gezwungen, bestimmte Vorsichtsmaßnahmen zu ergreifen, wenn die Bedrohung konkret wird. Daß ich persönlich bedroht werde, habe ich im August 1994 auf eine ziemlich ungewöhnliche Weise erfahren. Ich hatte mich mit einigen Aktivistinnen der Frauenbewegung bei mir zu Hause getroffen, weil wir eine Reise in den Irak vorbereiten wollten. Dann kamen ganz seltsame Telefonanrufe: Ob das eine Versammlung der Stadtverwaltung sei? Nein, haben wir gesagt. Nach einer Viertelstunde kam wieder ein Anruf: Ob die Versammlung in einem Privathaus abgehalten werde? »Ja«, sagte die Frau, die den Anruf entgegengenommen hatte, »wir sind bei Madame Ouzegane.« Ob Madame Ouzegane da sei? Ich hatte vor der Versammlung gesagt, daß man mich am Telefon verleugnen solle, damit ich während des Treffens nicht gestört werde. Dann kam der dritte Anruf: »Es kann doch nicht sein, daß Madame Ouzegane nicht da ist! Wir sind Journalisten, wir würden gerne mit ihr sprechen.« Die Aktivistin am Telefon hat gesagt: »Nein, sie ist nicht da, sie ist über das Wochenende verreist. Sie wird nicht vor Samstag zurück sein.« Der Anrufer wirkte völlig niedergeschmettert, und eine Viertelstunde später klingelte das Telefon schon wieder: Sie seien von der AIS, der »Islamischen Armee des Heils«. »Madame Ouzegane und ihr Sohn sind zum Tode verurteilt.«

Ich glaube allerdings, daß dieser Anruf nicht wirklich von der AIS kam, sondern daß ich vom Militär bedroht worden bin, speziell von einem Mitarbeiter der Militärischen Geheimpolizei, mit dem ich vorher aneinandergeraten war. Er hatte mich vor einiger Zeit zu sich gerufen, angeblich um zu hören, wie es mir geht. Im Anschluß an dieses Gespräch sagte er: »Die Moudjahidattes werden sich in Zukunft ruhig verhalten. Und Sie werden besonders ruhig sein.« Ich habe gesagt: »Das kommt gar nicht in Frage.« Wir Moudjahidattes haben die Regierung gestört, weil wir eine gewisse Macht haben, obwohl das Regime seit 1962 immer wieder versucht hat, uns in die Ecke zu drängen, und obwohl die meisten von uns inzwischen tot sind. Aber wenn wir auf die Straße gehen, muß die Polizei sich zwei Mal überlegen, ob sie sich mit uns anlegt, denn wir haben bei der

Bevölkerung ein hohes Ansehen. Deshalb glaube ich, daß es diese Person war, die mich bedroht hat.

Nach dieser Morddrohung habe ich mich sechs Monate lang versteckt. Ich habe zunächst meine Wohnung verlassen und bin zu meinem Vater gezogen, der in einer ziemlich einsamen Gegend lebt. Dort bin ich mit meinem Sohn einige Zeit geblieben, weil auch mein Sohn bedroht worden war: er ist Generalsekretär einer politischen Partei. Wir sind dort drei Monate lang geblieben. Wir haben das Haus nicht verlassen, sind nicht ans Telefon gegangen, haben keine Besucher empfangen und keine Briefsendungen angenommen. Aber nach drei Monaten hatte ich das Gefühl, daß ich wenigstens die Koordinatorinnen der Frauenbewegung darüber informieren muß, wo ich bin. Kurz darauf sind wir nach Algier zurückgekommen.

Das schlimmste ist jetzt vorbei, aber wir sind trotzdem noch vorsichtig. Am Anfang habe ich vermieden, auf die Straße zu gehen, und ich habe an keiner größeren Versammlung und keiner Demonstration mehr teilgenommen. Aber auf Dauer geht das nicht, irgendwann muß man seinen Alltag weiterleben. Ich habe also auch die Arbeit in der Frauenbewegung wieder aufgenommen; dort kümmere ich mich vor allem um die Koordination. Es gibt inzwischen viele Gruppen und Assoziationen in Algerien – schließlich konnten wir nicht alle das Land verlassen, also versuchen wir, etwas gegen die Situation zu unternehmen.

Schon vor 1989, als solche Organisationen noch illegal waren, habe ich ihnen meine Wohnung zur Verfügung gestellt. Hier haben wir 1985 die erste Menschenrechtsliga gegründet; die meisten Mitglieder waren Frauen, viele von ihnen Moudjahidattes. Weil wir gegen das Versammlungsverbot verstoßen hatten, wurden einige von uns im Dezember 1995 zu Gefängnisstrafen verurteilt. Ich selbst bekam zehn Monate wegen des Verstoßes gegen das Versammlungsverbot und weitere sechs wegen Beamtenbeleidigung. Nach 16 Monaten bin ich aus dem Gefängnis von Médéa entlassen worden und habe weitergekämpft. Am Anfang – das war für mich schon 1962 – ging es mir vor allem um Demokratie und soziale Gerechtigkeit, aber seit 1984 das Familiengesetz verabschiedet wurde, ist der Kampf dagegen und für die Rechte der Frauen immer stärker in den Vordergrund getreten. Solange dieses Gesetz existiert, bin ich zu keiner Zusammenarbeit mit dem Regime bereit. Ich bin gefragt worden, ob ich dem Nationalen Übergangsrat beitrete, aber ich mache da keine Kompromisse. Ich habe wie die Mitglieder des Regime für die Unabhängigkeit gekämpft, ich stand an ihrer Seite, aber mit diesem Gesetz haben sie verfügt, daß wir Frauen minderwertig sind. Für uns Moudjahidattes ist es undenkbar, mit ihnen zu reden, bevor dieses Familienrecht abgeschafft ist. Dann können wir mit der Regierung einen Dialog führen, aber das Regime hat noch immer nicht gelernt, was das heißt: einen Dialog zu führen. Das Regime diskutiert nicht, es befiehlt. Ich lasse mir nicht befehlen.

Das hat in meiner Familie Tradition. Meine Großeltern väterlicherseits wurden von den Franzosen sofort nach ihrer Ankunft enteignet, deshalb haben sie gegen die Kolonialmacht gekämpft. Ihre Kinder, also mein Vater Said und mein Onkel Amar, sind schon in sehr jungen Jahren in die Gewerkschaft eingetreten, und mein Onkel wurde später Generalsekretär der algerischen kommunistischen Partei – er wurde allerdings ausgeschlossen, nachdem man ihm vorgeworfen hatte, daß er sich »auf nationalistischen Abwegen« befinde. Wenn Sie so wollen, hat mich ein revolutionäres Milieu durchtränkt, in dem es immer um den Kampf für soziale Gerechtigkeit und Demokratie ging. Mein Vater hatte ein Restaurant und meine Mutter war Hausfrau, aber sie kam aus einer sehr bourgeoisen Familie, in der die Traditionen keine große Rolle gespielt haben. Meine Großmutter war im Alter von sieben Jahren aus der Kabylei zu ihrer Schwester nach Algier gekommen, die hier bereits eine eigene Werkstatt und ein eigenes Einkommen hatte. Meine Schwestern und ich hatten also das Glück, daß unsere Eltern sehr liberal waren. Obwohl wir in der Altstadt gewohnt haben, durften wir ins Kino gehen oder an den Strand – wenn auch natürlich in Begleitung. Aber das waren trotzdem Dinge, die damals noch für die Mehrzahl der Frauen tabu waren.

Dann kam die Revolution. Es war einfach selbstverständlich, sich an dem Kampf für die Unabhängigkeit des Landes zu beteiligen, das galt für Männer und Frauen gleichermaßen. Die Männer haben 1954 mit dem bewaffneten Kampf angefangen. Sie wurden deshalb von den Franzosen gesucht und mußten versteckt werden. Sie tauchten bei Familien unter, denen sie vertrauen konnten, und in diesen Familien waren die Mütter, Töchter und Schwestern häufig alleine zu Hause – entweder, weil die Männer ebenfalls im Untergrund waren, aber noch nicht gesucht wurden, oder weil ihre Ehemänner, Brüder oder Söhne zur Arbeit gingen. Die Frauen waren also für die Sicherheit der Partisanen zuständig. Nach unseren Traditionen darf eine Frau einen Fremden nicht aufnehmen, wenn sie alleine ist, aber wenn dieser Fremde ein Befreiungskämpfer war, durfte sie ihn verstecken. Später haben die Männer verstanden, daß sie die Frauen für den Kampf brauchten: um Kommuniqués zu schreiben, um die Verbindung zwischen den einzelnen Gruppen herzustellen, um Waffen zu schmuggeln oder bei der medizinischen Versorgung zu helfen. Wir Frauen wirkten auf die Franzosen zunächst harmloser und hatten deshalb mehr Bewegungsfreiheit als die Männer. So haben die Frauen angefangen, sich aktiv an der Revolution zu beteiligen. Wir haben die Ziele der Unabhängigkeitskampfes verfolgt, ohne auf die Anweisungen der Männer zu warten.

Ich hatte wenig Schwierigkeiten, mich auf die Arbeit im Untergrund einzustellen, denn meine Eltern waren schon als Befreiungskämpfer verfolgt und verhaftet worden. Deshalb war ich daran gewöhnt, die Polizei im Haus zu haben und verhört zu werden – diese ganzen Repressionen habe ich schon im Alter von zehn oder zwölf Jahren kennengelernt. Ich war deshalb politisch besser ausgebildet als die anderen Kämpferinnen, allerdings nicht in einem parteipolitischen Sinne – ich habe mich immer geweigert, Mitglied einer Partei zu werden. Innerhalb der Strukturen einer Partei hätte ich nicht mehr selbständig entscheiden können, und das wollte ich nicht akzeptieren.

Als Frau habe ich mich in dieser Zeit überhaupt nicht benachteiligt gefühlt. Wir Partisanen haben nicht darauf geachtet, ob jemand eine Frau oder ein Mann war. Während des Krieges haben die Männer plötzlich gemerkt, daß Frauen selbst entscheiden und selbständig handeln können; nach den ersten Verhaftungswellen haben die Frauen den Kampf oft alleine weitergeführt. Und als die Kolonialmacht anfing, Prozesse gegen die Kämpfer zu führen, waren die Zuschauerräume voller Frauen. Damals trugen die meisten noch einen Schleier, einen weißen Schleier, und so waren die Säle voll von weiß verschleierten Frauen, die den Männern durch ihre Anwesenheit viel Mut gemacht haben.

Der Schleier war für uns keine vitale Frage, wir haben ihn so benutzt, wie es in der jeweiligen Situation am ratsamsten war. Wenn wir ihn trugen, blieben wir unerkannt, und das konnte hilfreich sein, wenn wir zum Beispiel Bomben schmuggeln oder Nachrichten überbringen wollten. Aber es konnte auch nützlich sein, sich äußerlich mit der europäischen Gesellschaft zu vermischen. In dem Viertel, in dem ich wohnte, lebten außer meiner Familie keine Moslems. Ich hatte deshalb natürlich kein Interesse daran, einen Schleier zu tragen und dadurch als Algerierin aufzufallen.

An den Texten der FLN aus dieser Zeit können sie erkennen, wie irritiert die Männer waren: Welchen Platz sollten sie diesen Frauen einräumen, die an ihrer Seite kämpften? Die FLN hatte nicht mit ihnen gerechnet, hatte sie nicht für den Kampf vorgesehen, und plötzlich waren sie da und kämpften.

Ich habe zunächst vor allem Kurierdienste gemacht und Untergrundkämpfer versteckt. 1957 ist mein Mann unter der Folter der Franzosen gestorben, und danach bin ich selbst in den Untergrund gegangen – ich wußte, daß ich bereits gesucht wurde. Im Dezember 1957 haben mich französische Fallschirmjäger gefunden. Wegen »Mitgliedschaft in einer verbrecherischen Organisation« und wegen »Gefährdung der Sicherheit des Staates« wurde ich zu einem Jahr Gefängnis verurteilt. Ein paar Jahre später, 1960, haben sie mich zum zweiten Mal verhaftet und diesmal auch gefoltert. Drei Monate lang saß ich in Einzelhaft, ohne daß meine Familie erfahren hätte, wo ich war. Schließlich wurde ich nach Frankreich abgeschoben und konnte von dort aus nach Tunesien fliehen.

Nach der Unabhängigkeit haben wir viele von unseren Rechten wieder verloren. Während des Krieges waren wir alle bereit, zu sterben, damit ein Mann überlebt. Das war selbstverständlich und ich sage das nur, um Ihnen die damalige Mentalität der Frauen zu veranschaulichen. Es gab in den Kriegsjahren viel Zuneigung zueinander, viel Sorge umeinander und viel gegenseitige Unterstützung. Wir waren also bereit, uns für die Männer aufzugeben, und wir haben nicht damit gerechnet, daß sie uns nach der Unabhängigkeit verraten könnten. Die Frauen waren allerdings nicht die einzigen, die 1962 verraten wurden: Die Minderheit, die an die Macht gekommen war, hat sowohl Männer als auch Frauen verraten. Wir waren allerdings stärker betroffen, denn die Gesetze wurden nur zugunsten der Männer gemacht. Wie sehr wir ausgegrenzt und benachteiligt wurden, ist uns erst 1984 richtig bewußt geworden, als das Familiengesetz verabschiedet wurde. Das war das erste Gesetz, das uns offen diskriminiert hat. Bis dahin waren wir also vielleicht ein bißchen zu vertrauensselig und naiv. Hinzu kam, daß die Männer politisch ausgebildet und ambitioniert waren, aber die Frauen in der Regel nicht. Nach fast acht Jahren des Kampfes wollten sich die meisten wieder um ihre Familie kümmern, um die Kinder.

Mir persönlich ist allerdings schon 1962 klar geworden, daß vieles anders lief, als ich es mir gewünscht hatte. Zusammen mit einigen Moudjahidattes habe ich mich deshalb organisiert, aber leider mußten wir uns auflösen, als die FLN ihre Macht gefestigt hatte. Die Partei hat angefangen, die ganze Gesellschaft zu beherrschen. Wir haben dann eine Organisation gegründet für die Schahid, das sind die Märtyrer des Krieges, deren Vorsitzende meine Schwester ist. Wir haben uns zuerst organisiert, um die Witwen der Befreiungskämpfer und ihre Kinder zu unterstützen, weil der Staat sich nicht um sie gekümmert hat. So haben wir unseren Kampf wieder aufgenommen, jetzt gegen das Regime der FLN, denn für ein solches System, wie sie es etabliert hat, waren wir nicht in den Krieg gegangen.

Heute müssen wir an zwei Fronten kämpfen: gegen das Regime, und gegen den Terror der Fundamentalisten. Früher waren die Fronten klar und der Widerstand ganz selbstverständlich: Die Kolonialherren waren unsere Feinde. Heute ist das nicht mehr so einfach; auf beiden Seiten stehen Algerier. Heute sind die Frauen allerdings auch doppelt so entschlossen wie früher, weil sie nicht alleine bedroht sind, sondern auch ihre Kinder, die sie verteidigen müssen. Enttäuscht bin ich trotz allem nicht. Gestern haben wir für die Unabhängigkeit gekämpft, aber die Unabhängigkeit war nicht die Demokratie. Heute kämpfen wir für die Demokratie, und das müssen wir so entschieden tun wie damals, denn die Regierung ist dazu noch nicht bereit.

Djohar Akrour Abteilungsleiterin im algerischen Fernsehen

Die 56jährige Mutter von zwei Töchtern hat aktiv am algerischen Unabhängigkeitskampf teilgenommen. Sie hat 1985 die erste – damals noch illegale – Menschenrechtsliga mitgegründet und ist heute Mitglied verschiedener Frauenassoziationen. Djohar Akrour hat einem Gespräch nur zögernd zugestimmt. Schließlich kam sie doch in mein Hotel – weil sie von den Fundamentalisten tödlich bedroht ist, hat sie selbst derzeit keinen Ort, an dem sie Besucher ungestört empfangen könnte.

Was soll ich über mich schon sagen? Ich bin eine frühere Moudjahida und war von den Franzosen bereits zum Tode verurteilt. Damals war ich 17 Jahre alt.

Wir waren zu Hause vier Mädchen und zwei Jungen. Als ich noch ganz klein war, haben wir in einem sehr einfachen Viertel von Algier gewohnt, der Kasbah. Später sind wir in ein Stadtviertel umgezogen, in dem vor allem die pieds-noirs lebten, die Franzosen[1]. Einige Szenen aus dieser Zeit haben sich tief in meine Erinnerung eingegraben; ich habe gesehen, wie sie die Leute zur Arbeit angetrieben und ausgebeutet haben. Eines Tages habe ich an einer Häuserwand eine Schrift entdeckt, und diese Zeichen habe ich mit Kreide abgeschrieben, denn jung wie ich war, wußte ich nicht, was sie bedeuteten. Ich bin nach Hause gegangen und habe zu meiner Mutter gesagt: »Guck mal, was ich entdeckt habe.« Sie hat gesagt: »Paß auf! Wenn dich dabei einer sieht! Denn das haben die Algerier geschrieben, die ihr Land befreien wollen.« Meine Mutter hat mir

---

[1] »Pieds-noirs« heißt wörtlich »Schwarzfüße« und war ein Spitznamen für die französischen Siedler, die bis 1962 in Algerien gelebt haben.

dann erklärt, daß wir kolonisiert worden sind, und daß Algerien unser Land ist. Mir ist das bis heute im Kopf geblieben. Ich ertrage Ungerechtigkeit nicht und kämpfe bis heute dagegen.

Mein Vater hatte anfangs viel Geld, aber nach juristischen Streitigkeiten mit seinem Arbeitgeber hat er alles verloren. Deshalb mußte auch meine Mutter Geld verdienen; sie hat bei den Franzosen als Putzfrau gearbeitet. In den Schulferien habe ich sie oft begleitet und mußte mitansehen, wie meine Mutter – eine sehr kultivierte Frau – ausgebeutet wurde, wie respektlos die »Herrschaft« mit ihr umgesprungen ist. Dagegen habe ich mich innerlich immer mehr aufgelehnt.

Ich wollte damals unbedingt Krankenschwester werden, und weil meine Mutter viele Leute kannte, konnte sie mir einen Platz in der Krankenschwesternschule des französischen Roten Kreuzes vermitteln. Die Klinik lag am Boulevard de Verdun in Algier und wurde von Nonnen geführt. In meiner Klasse saßen außer mir noch einige Algerierinnen, darunter auch eine, die bereits Mitglied der FLN war. Sie hatte den Auftrag, weitere Frauen zu gewinnen. Einmal saßen wir beide beim Essen zusammen und haben über das geredet, was hier in Algerien vor sich ging, die Bombenattentate, die Morde durch die Militärpolizei und so, das war 1956. Ich habe gesagt: »Ich würde viel dafür geben, mitkämpfen zu können.« Sie hat nicht viel gefragt, nur: »Bist du sicher?« Ich habe gesagt: »Ja, unbedingt.« Am nächsten Morgen kam sie zu mir und hat gesagt: »Es sind Leute draußen, die dich sehen wollen.« So bin ich mit den Mitgliedern der FLN in Kontakt gekommen. Sie haben mich mit offenen Armen aufgenommen, und ich wurde Mitglied der Partei.

Für mich war das eine andere Welt. Ich war damals 16 Jahre alt, und die Arbeit in der FLN hat mir alles bedeutet. Als Frau wurde ich genauso behandelt wie die Männer, mit denen ich gearbeitet habe. Nie hat es geheißen: »Das ist eine Frau, die kann so schwierige Aufgaben nicht übernehmen« – im Gegenteil! Wenn Bomben oder Granaten transportiert werden mußten, habe ich das genauso gemacht wie die Männer – es gab keinen Unterschied, wir waren eine Familie, wir hatten ein starkes Gefühl der Zusammengehörigkeit.

Ich war einer Gruppe zugeteilt, in der außer mir drei Mädchen waren – wie viele wir insgesamt waren, weiß ich nicht genau; wir haben uns nicht oft gesehen. Ich hatte vor allem Kontakt mit Houria Outata, die leider kurz nach der Unabhängigkeit gestorben ist. Einige Mädchen aus der Krankenschwesternschule, in der ich gelernt habe, sind in den Untergrund gegangen, aber ich habe mich dafür entschieden, zu Hause in Algier zu bleiben und Waffen zu transportieren.

Ich bin abends ganz normal nach Hause gegangen, und niemand hatte die geringste Ahnung von dem, was ich tue – außer meiner Mutter. Zuerst habe ich meinen Eltern natürlich nichts davon erzählt, denn meine Mutter war sehr streng, nur mein Vater blieb immer gelassen. Aber eines Tages bin ich zu spät nach Hause gekommen; meine Mutter hat mich beseite genommen und eine Erklärung dafür verlangt. Ich habe gesagt: »Hör zu, Mama, ich werde es dir erklären, aber du darfst nicht wütend werden: Ich arbeite mit den Frères, den Befreiungskämpfern.« Ich habe gesehen, wie sich ihr Gesicht aufgehellt hat, obwohl sie sonst immer so streng war. Ich habe gespürt, daß sie auf meiner Seite stand. Sie hat gesagt: »Paß aber auf, daß dich keiner sieht. Und vertraue niemandem.« Vor meinem Vater hatte ich keine Angst, nur vor meinem Onkel mütterlicherseits, der so streng war, daß ich angefangen habe zu zittern, sobald ich ihn gesehen habe. Meine Mutter hat gesagt: »Mach dir keine Sorgen, ich werde das klären. Aber sprich mit niemandem darüber, das muß geheim bleiben.« Von da an hat sie immer eine Ausrede erfunden, wenn ich zu spät nach Hause kam. Ich wußte also, daß meine Mutter hinter mir steht und habe mich deshalb nicht alleine gefühlt. Für mich war es sehr wichtig, daß ich mein Geheimnis mit ihr teilen konnte, daß sie mich verstanden hat und nicht dagegen war. Es hätte ja auch sein können, daß sie zu viel Angst um mich gehabt hätte – schließlich arbeitete sie bei Franzosen und konnte hören, worüber sie sich unterhielten. Sie wußte also, was Untergrundkämpfer erwartete, wenn sie erwischt wurden. Erst später habe ich erfahren, daß auch meine Mutter mitgekämpft hat.

Eines Tages bin ich zur Arbeit ins Krankenhaus gekommen, als kurz vorher in der Nachbarschaft eine Bombe auf der Straße explodiert war. Ich bin mit den Schwestern dahin gefahren, um Hilfe zu leisten. Ich habe Kinder gesehen, die durch die Explosion zerrissen worden waren und starben. Diese Kinder hatten nichts Verbrecheri-

sches getan, sie waren im Schlaf vom Tod überrascht worden. Mein
Haß auf die Franzosen ist dadurch noch größer geworden. Von dem
Tag an war es mir egal, ob mich der Kampf für die algerische
Unabhängigkeit mein Leben kosten würde. Ich hatte genug von der
Ungerechtigkeit, genug von den Massakern, genug von den Verhaf-
tungen, genug von der Folter.

Meine Aufgabe war es, Waffen zu schmuggeln. Ich habe die
Waffen am Körper transportiert, und ein Moudjahid hat mich begleitet – wir sind immer zu zweit gegangen. Damals waren die
Bomben schlecht eingestellt, und deshalb haben die Verantwortlichen zu uns gesagt: »Die sind handgemacht und können jederzeit
explodieren. Kann sein, daß sie zu der Zeit hochgehen, die man
euch gesagt hat. Es kann aber auch vorher oder nachher sein.« Wir
konnten nein sagen oder den Auftrag akzeptieren. Ich habe das
Risiko in Kauf genommen.

Meine letzte Aufgabe war es, eine Bombe ins städtische Sportsta-
dion zu bringen. Ich habe die Bombe also unter meinen Kleidern
versteckt und bin zusammen mit Harbour Alem losgegangen. Wir
sind im Stadion angekommen und haben ein Liebespaar gespielt.
Dann haben wir die Bombe abgelegt und sind gegangen. Wir haben
uns dabei im Recht gefühlt, denn die Franzosen hatten damit angefangen, Bomben zu legen und unschuldige Menschen zu töten. Wir
haben uns nur verteidigt.

Acht Tage später wurde meine ganze Gruppe verhaftet. Das war
im Februar 1957, ich war damals 17 Jahre alt. Um vier Uhr morgens
kam die französische Polizei und nahm mich mit auf die Wache. Die
Franzosen haben mich dort mißhandelt und nachher gefoltert, genauso wie die übrigen Mitglieder aus meiner Gruppe. Sie haben uns
geschlagen und uns Stromstöße versetzt. Abends, wenn alle anderen gegangen waren, kamen Inspektoren aus anderen Abteilungen,
die gar nicht für unsere Verhöre zuständig waren. Sie kamen einfach nur, um uns ins Gesicht zu spucken oder uns zu schlagen.
Während der Verhöre haben sie eine grelle Lampe genau vor meine
Augen gestellt. Seit dieser Zeit vertrage ich kein starkes Licht mehr.
Wir waren noch minderjährig, aber das war für sie kein Grund, uns
irgend etwas zu ersparen. Seitdem weiß ich, was Folter ist; ich habe
die Narben noch immer.

Zehn Tage lang wurden wir in den Räumen der Militärpolizei festgehalten. Die vier Kämpfer, die mit mir festgenommen worden waren, sind noch grausamer gefoltert worden als ich; man hat sie mir anschließend gezeigt. Nachdem wir dem Untersuchungsrichter vorgeführt worden waren, haben sie uns in das Gefängnis Barberousse gebracht. Dort haben sie diejenigen exekutiert, die zum Tode verurteilt waren. Jeden Morgen fanden Hinrichtungen statt. Jeden Morgen: vier, drei oder fünf Hingerichtete. Jeden Tag, jeden Tag, jeden Tag wurde die Guillotine in den Gefängnishof gebracht. Jeden Tag hat die Guillotine vier oder fünf Köpfe genommen. Nachts haben wir die Schreie derer gehört, die zum Tode verurteilt worden waren und auf ihre Hinrichtung gewartet haben. Wir lagen nicht weit von ihnen entfernt. Sie haben auch den jungen Mann hingerichtet, der mit mir im Stadion gewesen war. Er war erst 19 Jahre alt.

Ich war mit einer Freundin zusammen in Barberousse, die 16 Jahre alt war, also ein Jahr jünger als ich. Wir sind beide einen Monat lang in Isolationshaft gehalten worden, wir saßen im Dunkeln und haben wochenlang keinen Menschen gesehen. Am Ende des Monats wurden wir aus der Isolationshaft geholt und zu unseren Pflichtverteidigern gebracht. Meine Verteidigerin war nicht schlecht, sie hat meiner Mutter immerhin geholfen, eine Besuchserlaubnis zu bekommen. Nachher traf ich in Barberousse auf Partisaninnen, die schon vor mir verhaftet worden waren. Wir hatten mit unseren französischen Anwälten Glück, denn sie gehörten zu einer Gruppe, die sich organisiert hatte, um die Algerierinnen und Algerier zu verteidigen. Am 20. Dezember 1957 wurden wir vor dem Jugendgerichtshof zum Tode verurteilt, aber nachher wurden wir begnadigt und das Urteil wurde in eine lebenslange Haftstrafe umgewandelt.

Kurz darauf wurden wir aus »disziplinarischen Gründen« in das Gefängnis von Oran gebracht. Dieses Gefängnis hat mich für den Rest meines Leben geprägt und bis an mein Ende gezeichnet. Wir wurden in der brütenden Augusthitze in einen Zug gepfercht und von Algier nach Oran gebracht, ohne daß wir etwas zu essen oder zu trinken bekommen hätten. Sobald wir durch das Gefängnistor gekommen sind, haben sie uns ihren Empfang bereitet: Der oberste

Aufseher hat mich so fest auf den Mund geschlagen, daß das Blut lief.

Ich kam wieder in Isolationshaft, und zwar unter verschärften Haftbedingungen: Ich saß im Dunkeln, zu essen bekam ich nur ein Mal täglich. Meine Briefe an meine Anwältin wurden zensiert. Als ich später mit den anderen zusammengelegt wurde, mußte ich mit ihnen in der prallen Sonne auf dem Hof arbeiten, ohne daß wir etwas zu trinken bekommen hätten. Das Ziel war offensichtlich, uns so tief wie möglich zu demütigen. Schließlich wurde ich nach Frankreich abgeschoben und habe dort die Gefängnisse vieler Städte kennengelernt. Als Algerien 1962 unabhängig wurde, wurde auch ich befreit. Fünf Jahre lang hatte ich in verschiedenen Gefängnissen gesessen.

Nach der Unabhängigkeit wurden wir Frauen wieder ins Abseits gestellt. Die Clique aus der FLN, die an die Macht gekommen war, hat mit uns gemacht, was sie wollte. Aber es gab immer eine kleine Gruppe von Moudjahidattes, die sich dagegen aufgelehnt hat, und ich gehörte von Anfang an mit zu dieser Gruppe. Weil wir damals keine Assoziationen gründen durften, haben wir im Untergrund gearbeitet. Als 1980 die ersten Details über das neue Familienrecht bekannt wurden, haben wir, Moudjahidattes und Studentinnen, Demonstrationen dagegen organisiert und Sitzstreiks veranstaltet, denn von Anfang an war klar, daß dieses Gesetz unsere Minderwertigkeit festschreiben sollte.

Als die ersten Pläne dafür bekannt wurden, war ich schon seit acht Jahren geschieden. Bei der Scheidung war meine ältere Tochter vier Jahre alt, die jüngere erst eins. Die Mädchen erinnern sich kaum an ihren Vater, denn er hatte zwar ein Besuchsrecht und hat die Kinder anfangs über das Wochenende zu sich geholt, aber später kam er nicht mehr. Ich habe die Mädchen also ganz alleine groß gezogen; ich war Abteilungsleiterin beim algerischen Fernsehen. Mein Mann hat nie für irgendetwas bezahlt. Das Gericht hatte mir das Sorgerecht für die Kinder zugesprochen, aber wenn ich sie ins Ausland schicken wollte, mußte ich den Richtern eine Erlaubnis des Vaters vorlegen. Ich habe zu ihnen gesagt: »Wenn er Unterhalt für die Kinder bezahlt, können Sie von mir sein schriftliches Einverständnis verlangen. Aber weil er nichts bezahlt, werde ich ihn nicht um Erlaubnis bitten.« Und ich habe meine Kinder trotzdem ins Ausland geschickt.

Als alleinerziehende Mutter hatte ich es nicht einfach, aber ich hatte dadurch ein Ziel in meinem Leben, das waren meine Kinder. Es waren harte Jahren, aber die beiden sind zwei wunderbare Frauen geworden. Und inzwischen habe ich auch schon zwei Enkelkinder.

Jetzt durchlebt Algerien eine neue Tragödie, und das zerreißt mir das Herz. Ich hätte niemals gedacht, daß wir Algerier uns gegenseitig ermorden würden. Ich bin von den Fundamentalisten bedroht worden, deshalb lebe ich schon seit zwei Jahren nicht mehr zu Hause. Angefangen hat alles mit Telefonanrufen. Eines Tages haben sie dann ein Kreuz an meine Tür gemalt und eine Botschaft hinterlassen: Meine Töchter und ich seien zum Tode verurteilt. Da habe ich mir gesagt: Jetzt wird es ernst. Ich wußte, daß wir weg müssen, und zwar sofort. Seitdem wechsle ich ständig die Wohnung. Ich lebe bei Freunden oder tauche bei Familien unter, die ich selbst gar nicht kenne – wir haben in der Frauenbewegung inzwischen ein Netzwerk aufgebaut, um das Leben im Untergrund zu organisieren. Deshalb ist das ist alles kein großes Problem, denn ich habe ausgesprochen nette Freunde, bei denen ich mich sehr wohl fühle. Ich habe sie in einer wirklich schwierigen Situation gefunden, denn es ist alles andere als selbstverständlich, daß sie jemanden verstecken, obwohl sie wissen, daß diejenige verfolgt und bedroht wird – schließlich bringen sie damit auch sich selbst in Gefahr. Ich fühle mich bei ihnen wohl, aber die Sorge um meine Familie bleibt natürlich: um meine Töchter, um meinen Bruder, der Kameramann ist und schon Morddrohungen erhalten hat, um meine Schwester, die auch im Unabhängigkeitskrieg gekämpft hat und seitdem aktiv geblieben ist.

Damals, zu unserer Zeit, war klar, wer der Feind ist: Es waren die Franzosen. Man konnte sie am Äußeren erkennen. Jetzt erkennen wir unsere Feinde nicht mehr. Wir sind so weit gekommen, daß wir niemandem mehr vertrauen. Es passiert mir, daß ich im Auto sitze und mich jemand anguckt. Ich frage mich: Warum guckt er mich so an? Wird er mich töten, oder was ist los? Das ist fürchterlich. Von meiner Familie und ganz engen Freunden abgesehen, vertraue ich niemandem mehr.

Trotzdem verlasse ich das Haus, arbeite so gut ich kann und bleibe in der Frauenbewegung aktiv. Es macht mir Freude zu sehen, daß unsere Ablösung da ist, denn die jungen Frauen haben unsere Botschaft verstanden. Ich werde nicht aufgeben, ich werde nicht aus Algerien fliehen. Wenn ich sterben muß, sterbe ich aufrecht – niemals auf den Knien. Ich habe Algerien meine besten Jahre geopfert und deshalb würde ich dieses Land nicht für alles Geld in der Welt verlassen.

Epilog

Am Abend des 16. November 1995 war Algier voller Aufbruchstimmung. Die Algerierinnen und Algerier feierten den Abschluß der Präsidentschaftswahl mit Gewehrsalven und spontanen Gesängen auf der Straße. Ihr Jubel galt weniger dem Wahlergebnis oder dem nunmehr demokratisch bestätigten Präsidenten Liamine Zéroual, als vielmehr der Tatsache, daß so viele von ihnen überhaupt wählen gegangen waren. Die Drohung der GIA war unmißverständlich gewesen: »Jede Stimme ein Sarg.« Plötzlich war da wieder Hoffnung: Hoffnung, weil der Terror keine Macht über die Menschen zu haben schien – oder jedenfalls nicht Macht genug, um sie vor Angst erstarren zu lassen. Die Algerierinnen und Algerier lebten auf, und sie lebten auch von der Hoffnung auf das, was der ehemalige General für seine Präsidentschaft versprochen hatte: Sicherheit und ein Ende des Terrors.

Bereits im Frühjahr 1996 war diese Aufbruchstimmung weitgehend verflogen und hatte einer tiefen Enttäuschung Platz gemacht, die in den kommenden Monaten weiter zunahm. Die Morde gingen weiter, der Alltag wurde härter. Was die Regierung hartnäckig nur noch als »Restterrorismus« bezeichnet, fordert monatlich nach wie vor hunderte Menschenleben oder mehr. Schärfste Zensurmaßnahmen haben dazu geführt, daß das Ausmaß des Schreckens kaum noch abzuschätzen ist. Vorläufiger Höhepunkt der Grausamkeit in diesem Bürgerkrieg: der Fastenmonat Ramadan im Februar 1997. Bei Überfällen in Dörfern wurden dutzende Menschen mit Messern, Hacken und Äxten massakriert, in einem Fall auch mit Kettensägen niedergemetzelt.

Die Bedingungen des täglichen Lebens, deren Härte den rasanten Zulauf der FIS mit begründet hatte, sind noch immer nicht einfacher geworden. Die Wohnungsnot ist nach wie vor dramatisch, die

Arbeitslosigkeit liegt nach offiziellen Angaben bei fast 30 Prozent, und die Strukturanpassungsprogramme des Internationalen Währungsfonds bringen für die Bevölkerung zusätzliche Härten mit sich. Die Preise etwa für Fleisch, Milch oder Tomaten haben fast westliches Niveau, doch drei Millionen Arbeiter bekommen monatlich umgerechnet weniger als 300 Mark.

Die Erfolge des Regime Zéroual sind im Alltag kaum spürbar, haben ihm aber das Lob von EU-Kommission, Weltbank und Internationalem Währungsfond eingebracht: Die klassischen Indikatoren sprechen für ein solides wirtschaftliches Wachstum nach einer fast zehnjährigen schweren Wirtschaftskrise. Für 1997 wird ein fünfprozentiges Wachstum des Bruttoinlandsprodukts erwartet, nach vier Prozent 1996 und 3,8 Prozent im Jahr davor. Die Inflationsrate, 1995 noch bei 30 Prozent, wird 1997 voraussichtlich auf neun Prozent sinken. Die Handelsbilanz war 1996 zum ersten Mal seit zehn Jahren positiv. Das Land, das 1994 kurz vor der Zahlungsunfähigkeit stand, hat inzwischen Devisenreserven, die sich nach vorsichtigen Schätzung Ende 1997 auf rund fünf Milliarden Dollar belaufen werden.

Die neue wirtschaftliche Stärke hat zwei wesentliche Ursachen: Der Rohölpreis auf dem Weltmarkt hat sich gegen alle Erwartungen auf einem hohen Niveau stabilisiert, und dank diverser Umschuldungsabkommen und Zahlungsaufschübe konnte der Schuldendienst erheblich verringert werden: während er 1993 noch 90 Prozent der Auslandseinkünfte betrug, liegt er 1997 bei nur noch 35 Prozent.

Der wirtschaftliche Aufschwung könnte langfristig zu einer Lösung der politischen Krise beitragen, denn die massiven sozialen und wirtschaftlichen Probleme waren ein wesentlicher Grund für den Erfolg der FIS. Voraussetzung wäre allerdings, daß der makroökonomische Aufschwung in spürbare Erleichterungen für die Bevölkerung umgesetzt wird, und das ist bislang nicht der Fall – im Gegenteil. Wegen des Strukturanpassungsprogramms und der Privatisierung von Staatsbetrieben stehen weitere Entlassungen an.

Zudem ist offen, wie lange der Aufwärtstrend anhalten wird; bislang unternimmt die Regierung wenig, um das Land von Erdöl und Erdgas unabhängig zu machen. Langfristig könnte die Entwicklung nur stabilisiert werden, wenn auch andere Wirtschaftszweige ausgebaut würden. Und auch die Gnadenfrist, die Algerien bei der Schuldentilgung gewährt wurde, läuft in absehbarer Zeit aus: Ab 1998 wird der Schuldendienst wieder 50 Prozent der Auslandseinnahmen betragen, im Jahr 2000 werden es fast 75 Prozent sein.

Neben der wirtschaftlichen Härte, die die Strukturanpassung nach den Vorgaben des Internationalen Währungsfonds für die Bevölkerungsmehrheit bedeutet, hat das autoritäre Regime unter Präsident Zéroual maßgeblich dazu beigetragen, daß viele Algerierinnen und Algerier von der Entwicklung seit den Präsidentschaftswahlen im November 1995 zutiefst enttäuscht sind.

Nach einer Verfassungsreform, die Ende 1996 per Volksabstimmung mit offiziell 86 Prozent der abgegebenen Stimmen angenommen wurde, hat der Präsident eine allmächtige Stellung. In den Parlamentsferien regiert er allein. Er besetzt die hohen Verwaltungsämter und bestimmt damit auch den Justizpräsidenten und den Vorsitzenden der Zentralbank. Der Präsident kann den Staatshaushalt allein verabschieden, falls sich die Volksvertreter nicht binnen 65 Tagen einigen. Ergebnis der Reform ist auch eine zweite Kammer, die jede Entscheidung des Unterhauses mit ihrem Veto blockieren kann. Ein Drittel der Abgeordneten des Oberhauses wird direkt vom Präsidenten berufen.

Auch das Wahlrecht wurde reformiert; wesentlichste Änderung ist das ausdrückliche Verbot von Parteien, die sich auf »religiöse, linguistische, rassische oder geschlechtsspezifische Grundlagen« berufen. Die FIS bleibt damit weiterhin verboten, die gemäßigt-islamistische Hamas von Cheick Mahfoud Nannah mußte ihr Programm entsprechend umschreiben und hat ihren Namen in »Bewegung für eine Gesellschaft des Friedens« (Mouvement pour une societé de paix, MSP) geändert.

Das Ausmaß der Resignation wurde bei den Parlamentswahlen im Juni 1997 deutlich: von Euphorie und Aufbruchstimmung war, ganz anders als im November 1995, nichts mehr zu spüren. Offiziell lag die Wahlbeteiligung zwar bei gut 65 Prozent, doch die Opposition meldete an dieser vergleichsweise regen Wahlbeteiligung erhebliche Zweifel an, ebenso an dem deutlichen Sieg der neugegründeten »Präsidentenpartei« RND (»Rassemblement National Démocrate«, »Nationaldemokratische Vereinigung«). Nach offiziellen Angaben erhielt sie 156 der 380 Parlamentssitze und damit einen deutlichen Vorsprung vor der MSP von Mahfoud Nannah, die als zweitstärkste Kraft künftig 69 Abgeordnete stellt. Die ehemalige Einheitspartei FLN ist mit 62 Parlamentariern drittstärkste Kraft. Aus den Reihen der Opposition mußte sich die Regierung den Vorwurf eines massiven Wahlbetrugs gefallen lassen, und auch UN-Beobachter sprachen von »Unregelmäßigkeiten« im Ablauf der Wahl.

Vor allem für die Parteien der allgemein so charakterisierten »demokratischen Opposition« war die Wahl, die letztlich zwischen Regierung und Religiösen entschieden wurde, eine Enttäuschung: Mit 20 Abgeordenten ist die FFS eine immerhin noch meßbare Größe, die übrigen Parteien wurden zu Splittergruppen im Parlament.

Für die zivile Gesellschaft, die sich – wie in den Interviews des vorliegenden Bandes beschrieben – in Algerien langsam herausbildet, ist das eine neue Herausforderung: Ihre Rolle als »Dritte Kraft« ist wichtiger denn je.

Für weitergehende Informationen über Algerien und die Hintergründe der gegenwärtigen Krise möchte ich drei Bücher besonders empfehlen:

- Kebir, Sabine: Algerien. Zwischen Traum und Alptraum.
  Düsseldorf: ECON Taschenbuch Verlag, 1995.

- Messaoudi, Khalida: Worte sind meine einzige Waffe.
  München: Antje Kunstmann-Verlag, 1995.

- Schirmbeck, Samuel: Hinter den Schleiern von Algier.
  Hamburg: Hoffmann und Campe, 1996.

Glossar

ALN Die »Armée de la Libération Nationale« (»Nationale Befreiungsarmee«) war der bewaffnete Arm der FLN.

AIS Die »Islamische Heilsarmee« (»Armée Islamique du Salut«) wurde im Sommer 1994 durch den Zusammenschluß verschiedener kleinerer Untergrundgruppen gegründet. Die AIS bekannte ausdrücklich ihre Zugehörigkeit zur FIS und verstärkte so implizit die Verhandlungsposition der seit Juni 1991 inhaftierten FIS-Führer. Die FIS-Kader haben jedoch offensichtlich nur sehr begrenzten Einfluß auf die bewaffnete Untergrundgruppe. Die AIS scheint vor allen in Ost- und Westalgerien zu dominieren, während die GIA in und um Algier die Vorherrschaft im Untergrund zu haben scheint. Bemühungen um einen Zusammenschluß der beiden Gruppen sind immer wieder gescheitert.

Arabisierung Nach der Unabhängigkeit Algeriens von Frankreich wurde die »Sprache der Kolonialherren« durch Arabisch als offizielle Nationalsprache ersetzt, und zwar durch das »klassische« oder Hocharabisch. Das aber weicht so stark vom »algerischen« Arabisch ab, daß Hocharabisch in Algerien regelrecht gelernt werden muß, um verstanden und gesprochen werden zu können. Hinzu kommt, daß die algerischen Berber eine eigene Sprache haben, die nicht als offizielle Landessprache anerkannt wurde. Die Regierung priviligierte das Hocharabische vor den anderen Landessprachen, um sich den Pan-Arabismus als politische Perspektive offen zu halten. In den 80er Jahre entwickelte sich aus dem Sprachenstreit ein regelrechter Kulturkampf. Vor allem die Berber wehrten sich gegen die massive Arabisierungspolitik der Regierung: Französisch wurde zunehmend auch an Schulen, Universitäten und in der Verwaltung durch das klassische Arabisch ersetzt. Im Alltag wurde allerdings weiterhin einer der Berberdialekte oder das maghrebinische Arabisch gesprochen, das in Algerien bis zu einem Viertel von berberischen Begriffen durchsetzt ist. Die Qualität des Schul- und Universitätsunterrichtes litt erheblich unter der Arabisierungspolitik, denn das algerische Lehrpersonal war – Erbe der französischen Kolonialzeit – ganz überwiegend in französischsprachige Schulen und Universitäten gegangen, das Lehrmaterial war auf französisch verfaßt. Das klassische Arabisch war für die meisten Lehrerinnen und Lehrer deshalb eine Fremdsprache, die sie nun überstürzt lernen mußten. Ihr auf Arabisch gehaltener Unterricht verlor im Vergleich zu dem französischen entsprechend an Qualität. Um den Mangel an arabophonen Lehrkräften kurzfristig auszugleichen, stellte die Regierung Lehrer vor allem aus Ägypten ein, von denen die meisten in ihrer Heimat allerdings bereits unangenehmen aufgefallen waren: entweder durch die schlechte Qualität ihres Unterrichtes, oder durch islamistische Tendenzen. Die Berufsaussichten der arabophonen Schulabgänger wurden durch den bekanntermaßen schlechten Unterricht immer miserabler.

Um die Zukunft ihrer Kinder zu sichern, schickten die Technokraten und die politischen Kader, die zum Teil persönlich für die Arabisierungspolitik verantwortlich gezeichnet hatten, ihre Kinder auf frankophone Privatschulen oder nach Europa – Französisch blieb trotz der offiziellen Ablösung durch Hocharabisch die Voraussetzung, um eine leitende Position in der Verwaltung oder der Industrie zu bekommen. Französisch wurde deshalb immer stärker zur Sprache der Elite; der Sprachenstreit bekam erheblichen sozialen Zündstoff. Dieser Hintergrund erklärt wohl zum Teil den Haß der radikalen Islamisten auf die überwiegend frankophone intellektuelle Elite; allerdings wurden auch arabophone Intellektuelle umgebracht.

»Conseil National Transitoire« (CNT) Der »Nationale Übergangsrat« wurde nach dem Abbruch der Parlamentswahlen im Januar 1992 vom Militär als provisiorische »Volksvertretung« eingesetzt. Die Übergangsregierung hat rund 60 Assoziationen und namhafte

Persönlichkeiten zur Mitarbeit im CNT aufgefordert. Die Amtszeit des Gremiums endete mit den Parlamentswahlen im Juni 1997.

Erklärung von Madrid Im April 1997 trafen sich einige algerische Oppositionsparteien auf Einladung spanischer regierungsunabhängiger Organisationen in Madrid, um eine friedliche Lösung des Konfliktes zu fordern. Vertreten waren u.a. die FIS und die Partei des ersten algerischen Präsidenten Ahmed Ben Bella, die MDA (»Mouvement pour la Democratie en Algerie«, »Bewegung für Demokratie in Algerien«), außerdem die trotzkistische »Arbeiterpartei« (»Parti des Travailleurs«, PT). Zwei Parteien, die zwei Jahre vorher noch an der Plattform der Opposition in Rom teilgenommen hatten, ließen sich entschuldigen: die »Front der Sozialistischen Kräfte« (FFS) und die FLN. Auf eine gemeinsame Strategie zur Lösung des Konfliktes konnten sich die in Madrid versammelten Oppositionsparteien – anders als bei dem Treffen in Rom – allerdings nicht einigen. Es blieb bei der Forderung nach einer friedlichen Lösung durch einen offenen Dialog aller politischen Kräfte einschließlich der »Islamischen Heilsfront«.

Familiengesetz (Code de la Famille) Das algerische Familiengesetz wurde 1984 unter dem Regime der ehemaligen Einheitspartei »Nationale Befreiungsfront« (»Front National de Libération«, FLN) verabschiedet. Danach ist die Frau dem Mann gesetzlich zu Gehorsam verpflichtet. Die Polygamie ist erlaubt, und selbst eine Ministerin oder eine Ärztin kann nur heiraten, wenn dem ein Ehevormund zustimmt. Die Scheidung kann zwar theoretisch auch auf Antrag der Frau vollzogen werden, doch das nur in Fällen, die praktisch kaum zu beweisen sind. Der Ehemann dagegen braucht bloß den Wunsch zur Scheidung kundzutun. Besonders scharf kritisieren Frauenrechtlerinnen, daß der Mann die eheliche Wohnung nach einer Scheidung behalten darf, wenn das Ehepaar keine Zweitwohnung besitzt. Diese Regelung führt Frauen oft mit ihren Kindern in die Obdachlosigkeit. Frauenrechtlerinnen kritisieren das Familiengesetz als »islamistisch« und sehen darin einen Beweis für den frühen »Pakt« zwischen Teilen der FLN und den Islamisten gegen die demokratische Opposition. Die offene Gewalt gegen Frauen sei dadurch von langer Hand vorbereitet worden.

FIS Die »Islamische Heilsfront« wurde 1989 als Zusammenschluß einiger zum Teil seit den 70er Jahren bestehenden islamischten Gruppen gegründet; ihre Führer sind der Soziologieprofessor Abassi Madani und der Imam (Vorbeter) Ali Belhadj. Die Partei, die am 19. März 1992 vom Verwaltungsgericht Algier verboten wurde, hat nie ein geschlossenes Programm vorgelegt; zur Gründung im Februar 1989 wurde allerdings ein provisorisches Programm formuliert. Darin bezeichnete sich die FIS als »globaler und allgemeiner Verwalter für alle ideologischen, politischen, ökonomischen und sozialen Probleme im Rahmen des Islam nach den Vorgaben des Koran und der Sunna«. Das vergleichsweise moderate Programm wurde von dem gemäßigten Flügel innerhalb der Partei ausgearbeitet; gemäßigte und extremistische Verlautbarungen der FIS stehen etwa in dem Parteiorgan »El Mounquid« nebeneinander. Am 5. Januar 1994 verurteilte die FIS erstmals seit Beginn der algerischen Krise die Gewalttaten gegen »unschuldige« Zivilisten. Die französische Tageszeitung »Le Monde« veröffentlichte ein Kommuniqué, in dem es hieß, die FIS wende sich gegen »jeden Gewaltakt, der auf Unschuldige zielt, welcher politischen Tendenz oder Religion sie sein mögen und wer immer Urheber der Taten sei.« Unterzeichnet war es von dem in Deutschland lebenden FIS-Auslandssprecher Rabah Kébir. Die FIS betont seitdem immer wieder ihre Bereitschaft zum Dialog mit den übrigen oppositionellen politischen Kräften und dem Regime, so vor allem auf der »Plattform von Rom« im November 1994 und zwei Jahre später bei einer Konferenz der Opposition in Madrid.

FLN Eine Gruppe von neun Mitgliedern der »Nationalen Befreiungsfront« (»Front de Libération Nationale«, FLN) rief am 1. November 1954 zum bewaffneten Aufstand gegen die französische Kolonialmacht auf, die Algerien seit 1830 besetzt hielt. Die FLN und ihr bewaffneter Arm, die ALN, erkämpften in einem fast achtjährigen Krieg die Unabhängigkeit des Landes. Die FLN übernahm 1962 die Macht in dem jungen Staat und etablierte unter den Präsidenten

Ahmed Ben Bella und Houari Boumedienne eine »sozialistische« Militärdiktatur. Innerhalb der FLN hielten die Kämpfe zwischen einem »modernistischen« und einem »islamistischen« Flügel an. Nach heftigen Unruhen im Jahr 1988 mußte die »Befreiungsfront« ein Mehrparteiensystem zulassen. Das Militär unterbrach im Januar 1992 die ersten Parlamentswahlen seit der Unabhängigkeit, weil sich ein Sieg der FIS deutlich abzeichnete, setzte den FLN-Präsidenten Chadli Benjedid ab und ein »Hohes Staatskomitee« ein. Die FLN unterstützte zunächst das Kollektiv an der algerischen Staatsspitze, später den Präsident Liamine Zéroual, der 1994 die Nachfolge des »Hohen Staatskomitees« antrat. Im April 1997 wurde die »Präsidentenpartei« RND gegründet; bei den Parlamentswahlen im Juni desselben Jahres erhielt die FLN als drittstärkste Kraft nach der RND und der gemäßigt-islamistischen »Bewegung für eine Gesellschaft des Friedens« (MSP) gut 14 Prozent der Stimmen und erhielt damit 62 der insgesamt 380 Sitze im algerischen Unterhaus. Gemeinsam haben RND und FLN eine komfortable Mehrheit im Parlament.

Frauenhaus Im Mai 1993 hat die Nicht-Regierungsorganisation »SOS-Femmes en Detresse« in Algier mehrere Baracken für Frauen in Not (»en detresse«) geöffnet. Damit leistet die NRO in Algerien Pionierarbeit. Der Bedarf ist so groß, daß jeden Tag Frauen abgewiesen werden müssen, wie die Vorsitzende Louisette Benhamza sagt. Bis zu fünf oder sechs Frauen leben gemeinsam mit ihren Kindern in den Zimmern, die Betten stehen dicht an dicht. Wenn die beiden Wohnbaracken mit bis zu fünfzig Frauen übervoll belegt sind, werden abends zum Schlafen Matratzen auf den Boden gelegt. Weil auch dann der Platz nicht reicht, mußte »SOS-Frauen in Not« Kriterien für die Aufnahme entwickeln; geschiedene Mütter oder ledige, schwangere Frauen werden bevorzugt aufgenommen. Die Mitarbeiterinnen des Frauenhauses versuchen, wo irgend möglich zwischen den Frauen und ihren Familien – den Eltern oder den Männern – zu vermitteln, denn meist gibt es keine Alternative außer dem Frauenhaus, der Familie oder der Straße: 1,2 Millionen Wohnungen fehlten nach Regierungsangaben landesweit im Herbst 1996, bis zum Jahr 2000 wird der Mangel nach offiziellen Schätzungen auf zwei Millionen ansteigen. Um den Bedarf zu decken, müßten in jedem Jahr 300.000 Wohnungen gebaut werden müßten; die Kosten dafür lägen zwischen 4,6 und 5,5 Milliarden US-Dollar. Die Arbeitslosigkeit liegt nach offiziellen Statistiken bei 28 Prozent. Die Organisation »SOS-Frauen in Not« wird vom algerischen Sozialministerium subventioniert, das die Kosten für Nahrung, Medikamente und Kleidung bis zum Jahr 2001 übernimmt. Zusätzliche Mittel kommen von Nicht-Regierungsorganisationen aus verschiedenen europäischen Ländern. Unter den ausschließlich ehrenamtlichen Mitarbeitern von »SOS-Frauen in Not« sind auch Psychologen und Juristen. Die Zufluchtsuchenden sind ganz überwiegend Opfer des Familiengesetzes, das 1984 verabschiedet wurde.

GIA Die »Bewaffnete Islamische Gruppe« (»Groupe Islamique Armée«, GIA) dominiert den algerischen Untergrund vor allem in und um Algier. Die GIA hat sich 1993 von der »Bewaffneten Islamischen Bewegung« (»Mouvement Islamique Armée«, MIA) abgespalten und schnell zu der schlagkräftigsten bewaffneten Untergrundgruppe entwickelt. Die GIA wird für fast alle Mord- und Bombenanschläge verantwortlich gemacht, die in den vergangenen Monaten innerhalb und außerhalb Algiers verübt wurden. Programm der GIA ist die »Eliminierung der Juden, Christen und Ungläubigen von der moslemischen Erde Algeriens«. Geführt wurde die GIA zunächst von Chérif Gousmi, der im September 1994 erschossen wurde. Seine Nachfolge trat der damals 27jährige Djamel Zitouni an, der vorher bereits eine eigene Terrorgruppe geführt hatte, die »Todesphalangen«, die vor allem in einigen Vororten von Algier operierte. Als GIA-Chef nannte er sich »Abou Abderrahmane Amine«, zu deutsch: »Vertrauenswürdiger Diener des gnädigen Gottes.«

. Die »Bewaffnete Islamische Gruppe« lehnt brüsk jede Verhandlung oder Kompromisse mit dem Regime ab. Im Januar 1996 hat sie der FIS deren »Nachgiebigkeit« gegenüber dem Regime vorgeworfen. In einem Kommuniqué, das die in London erscheinende Tageszeitung »Al Hayat« veröffentlichte, erklärte Zitouni den Mitgliedern von FIS und AIS im Januar 1996 den Krieg. Er forderte deren Mitglieder auf, zur GIA überzulaufen, und erklärte erneut seine Entschlossenheit, »alle zu bekämpfen, die für eine Rückkehr zu den

Wahlen eintreten.« Im Juli 1996 wurde Zitouni nach Angaben der GIA von Mitgliedern eines rivalisierenden Fundamentalistenflügels getötet. Obwohl in der Folge weitere GIA-Führer von den Miltärs umgebracht worden sein sollen, mordet die Untergrundgruppe mit ungebrochener Grausamkeit weiter.

Moudjahidattes Die ehemaligen Befreiungskämpferinnen aus der Zeit des algerischen Unabhängigkeitskrieges gegen die französische Kolonialmacht (1954–1962) nennen sich Moudjahidattes, die Kämpfer Moudjahidines. Wie viele Frauen bewaffnet am dem Krieg teilgenommen haben, der zu den grausamsten der Kolonialgeschichte zählt, ist nicht bekannt. Die Organisation der ehemaligen Partisaninnen hatte im Frühjahr 1996 nach eigenen Angaben noch rund 100 Mitglieder.

Patrioten So nennen sich die bewaffneten Selbstverteidigungsgruppen, die sich vor allem im ländlichen Algerien gebildet haben. Das Regime hatte die Kontrolle über weite Teile des Landes bereits 1994 verloren und entschloß sich daher zögernd, der Aufstellung von Bürgerwehren in den Dörfern zuzustimmen. Seit Frühjahr 1995 verteilt die Regierung auf Anfrage und unter bestimmten Voraussetzungen Waffen an diese Gruppen, weil sie selbst, so die offizielle Erklärung, die Sicherheit vor allem in abgelegenen Gebieten nicht mehr garantieren kann. Amnesty international wirft den Selbstverteidigungsgruppen »vorsätzliche und willkürliche Morde« vor. Neben den »Patrioten« hat das Regime in besonders unruhigen Gegenden Milizverbände auf Gemeindeebene aufstellen lassen, die sogenannten »Kommunalgarden«. Diese Einheiten unterstehen den Bürgermeistern, erhalten eine militärische Grundausbildung sowie Waffen und tragen Uniformen. Auch diesen Einheiten wirft amnesty international schwere Menschenrechtsverletzungen vor.

Pressegesetz Im Februar 1996 hat die Regierung eine Zensurmaßnahme verhängt, nach der die Druckereien nur noch jene Informationen über terroristische Aktivitäten vervielfältigen dürfen, die von den Sicherheitskräften autorisiert wurden. Die Notwendigkeit dieses »Pressegesetzes« wurde offiziell mit der Sicherheitslage erklärt.

Es gibt dem Regime Handhabe für schärfste Repressionen. Das Erscheinen von Zeitungen wurde seitdem immer wieder verhindert. Nach Angaben algerischer Journalisten wurden seitdem dutzende Journalisten zu Gefängnisstrafen auf Bewährung oder empfindlichen Geldstrafen verurteilt.

Vertrag von Rom Im November 1994 verhandelten algerische Oppositionsparteien, darunter die »Front der Sozialistischen Kräfte« (»Front des Forces Socialistes«, FFS), die frühere Einheitspartei FLN und die FIS in Rom über eine Lösung der Krise. Weitere Teilnehmer dieser Plattform waren die trotzkistische »Arbeiterpartei« (»Partie des Travailleurs«, PT), die moderat-islamistische »Nahdah« (»Bewegung für die Wiedergeburt«) und die ebenfalls gemäßigte Partei »Zeitgenössisches Islamisches Algerien« (»Algérie Islamique Contemporain«, AIC). Auch Ahmed Ben Bella, der erste algerische Präsident nach der Unabhängigkeit, reiste nach Rom und vertrat dort seine Partei, die »Bewegung für Demokratie in Algerien« (»Mouvement pour la Democratie en Algérie«, MDA). Durch diese Parteien waren nahezu alle Wähler repräsentiert, die sich an den abgebrochenen Parlamentswahlen 1991 beteiligt hatten; außerdem hatte die algerische Menschenrechtsliga einen Vertreter geschickt. Das zweitägige Kolloquim stand unter der Schirmherrschaft der katholischen Gemeinde Sant´Egidio. Die Oppositionsparteien einschließlich der FIS entwarfen in Rom einen Friedensvertrag. Sie forderten eine politische Übergangsperiode, an deren Ende demokratische Wahlen stehen müßten. Als Bedingung für die Aufnahme von Verhandlungen mit der Regierung nannte das Kommuniqué die Freilassung aller politischen Gefangenen einschließlich der FIS-Führer. Dafür wurde das Ende des Terrors angeboten. Die algerische Regierung lehnte ab. Der sogenannte »Vertrag von Rom« war und ist auch innerhalb der demokratischen Opposition umstritten. Die Positionen scheiden sich an der Frage, ob mit der FIS verhandelt werden kann und sollte.

Personenregister

Ait Ahmed, Hocine Ait Ahmed ist Vorsitzender der oppositionellen Berberpartei »Front der Sozialistischen Kräfte« (»Front des Forces Socialistes«, FFS) und lebt im Schweizer Exil. Er gehörte zu der Gruppe von neun Nationalisten, die am 1. November 1954 zum bewaffneten Kampf gegen die französische Kolonialmacht aufriefen und damit den fast achtjährigen Befreiungskrieg auslösten. Heute fordert er den Dialog auch mit der FIS über eine politische Lösung der gegenwärtigen Krise. Die FFS unterzeichnete den Vertrag von Rom (siehe dort) und boykottierte gemeinsam mit anderen Oppositionsparteien die Präsidentschaftswahlen vom November 1995, u.a. weil die FIS als verbotene Partei von der Abstimmung ausgeschlossen war und die Volksbefragung daher keine Lösung der politischen Krise bringen könne. An den Parlamentswahlen im Juni 1997 nahm die FFS teil; seitdem hat die Partei 20 der insgesamt 380 Sitze im algerischen Unterhaus.

Alloula, Abdelkader Der international anerkannte Dramatiker, Regisseur und Theaterschauspieler Abdelkader Alloula wurde am 10. März 1994 von Attentätern auf offener Straße regelrecht exekutiert. Seine Witwe gründete die »Stiftung Alloula«. Bis zu seinem Tod war Alloula Direktor des Regionaltheater von Oran und leitete außerdem die Theaterkooperative »1. Mai«, die er 1987 gegründet hatte. Mit Hilfe des »1. Mai« wollte Alloula das Publikum gewinnen, das die sieben staatlichen Bühnen nicht erreichen. Die kleine und bewegliche Kooperative bringt das Theater aus der Metropolen in die abgelegenen Dörfer. Alloula arbeitete im Sinne von Brecht und knüpfte an algerische Traditionen an. Daraus entwickelte er in den achtziger Jahren das Theater »el Halqua«. Damit ging Alloula über Brechts »Episches Theater« noch hinaus: Das dramatische Geschehen wird auf der Bühne nicht gespielt, sondern ausschließlich durch das Wort dargestellt.

Belhadj, Ali Gemeinsam mit dem Soziologieprofessor Abassi Madani gründete der junge Imam Ali Belhadj 1989 die FIS. Der 1956 geborene Vorbeter faszinierte vor allem die Jugendlichen mit seinen Predigten, in denen er u.a. die Kooruption des Regime scharf angriff und den Islam als Lösung für die drängenden sozialen Probleme empfahl. Seit den 80er Jahren war Belhadj als radikaler Gegner des Regime bekannt; er hatte den MIA-Führer Mustafa Bouyali kennengelernt, sich dessen »Bewaffneter Islamischer Bewegung« allerdings nicht angeschlossen. Wegen »Nichtanzeige eines Kriminellen« wurde Belhadj Anfang 1983 zu fünf Jahren Gefängnis verurteilt. Dort lernte er Abassi Madani kennen, der für die kompromißlose Islamisierung Algeriens eintrat und seit 1982 ohne Gerichtsurteil in Haft saß. Belhadj wurde 1987 aus dem Gefängnis entlassen. Als der Unmut der Jugendlichen im Oktober 1988 explodierte, nutzte Belhadj die eher spontane »Brotrevolte«, um den Protest zu politisieren. Im Juni 1991 versuchte die FIS, das öffentliche Leben durch eine Streikbewegung lahmzulegen. Das Militär verhängte den Ausnahmezustand; Ali Belhad und Abassi Madani wurden festgenommen und vom Militärgericht Blida wegen »Angriffs auf die Staatssicherheit« zu je 12 Jahren Freiheitsstrafe verurteilt.

Belkhadem, Abdelaziz Der FLN-Politiker war während der unruhigen späten 80er Jahre Präsident der Nationalversammlung; daß er mit der FIS und der islamistischen Bewegung sympathisierte, galt als ein offenes Geheimnis.

Boucebsi, Mahfoud Der Psychiater wurde am 15. Juni 1993 in seinem Auto erschossen, als er auf das Klinikgelände fahren wollte. Seine Witwe gründete die »Stiftung Boucebsi«.

Boudiaf, Mohammed Der algerische Präsident Mohamed Boudiaf wurde am 29. Juni 1992 während einer Rede erschossen. Der einstige Widerstandskämpfer war nach dem Abbruch der Wahlen im Januar 1992 von dem Militärs, dem »Hohen Staatskomitee«, aus

dem marokkanischen Exil zurückgeholt und zum Präsidenten ernannt worden. Boudiaf hatte zu jener Neuner-Gruppe gehört, die
am 1. November 1954 den bewaffneten Aufstand gegen Frankreich
ausgerufen hatte. 1963, ein Jahr, nachdem Algerien unabhängig geworden war, mußte Boudiaf ins Exil fliehen, weil der erste algerische Staatspräsident, Ahmed Ben Bella, versucht hatte, ihn umzubringen. Erst 27 Jahre später kehrte er nach Algerien zurück. Der
charismatische und integre Boudiaf galt als ein Politiker, dem es
gelingen könnte, das zerrissene Land zu einen. Er forderte einen
radikalen Bruch mit dem System und attakierte auch die Militärs.
Für den Mord an ihm wurde 1995 ein Einzeltäter verantwortlich
gemacht und verurteilt, doch die Hintergründe der Tat blieben weiter im dunkeln.

Boumedienne, Houari Oberst Houari Boumedienne putschte sich
1965 an die Spitze des algerischen Staates und stellte seinen Vorgän-
ger, den ersten Präsidenten Ahmed Ben Bella, für 15 Jahre unter
Hausarrest. Boumedienne baute den zivilen Geheimdienst und die
militärische Geheimpolizei zu einem perfekten Überwachungssy-
stem aus. Der Präsident verordnete dem Land einen »algerischen
Weg zum Sozialismus« und setzte dabei vor allem auf den Aufbau
der Schwerindustrie. In den 70er Jahren wurden Milliarden Dollar
in die Industrialisierung investiert, doch ein großer Teil der Summe
wurde sprichwörtlich in den Sand gesetzt, weil die hochtechnisier-
ten Anlagen nie produktiv arbeiteten. Lukrativ war die Vergabe der
Milliardenaufträge vor allem für die ausländischen Firmen und die
algerischen Funktionäre: Die Korruptionen blühte. Boumedienne
starb 1978, sein Nachfolger wurde Chadli Benjedid.

Bouyali, Mustafa 1982 gründete Mustafa Bouyali die »Bewaffnete
Islamische Bewegung« (»Mouvement Islamique Armée«, MIA), die
erste bewaffnete islamistische Untergrundgruppe Algeriens. Die
Gruppe verübte spektakuläre Überfälle auf Polizeikommissariate
und Kasernen und verschaffte sich bei großen Teilen der Jugend
einen legendären Ruf, weil die MIA dem ansonsten perfekten Über-
wachungssystem immer wieder entkam. 1987 wurde Mustafa Bouyali von den Sicherheitskräften erschossen, die MIA zerschlagen.

Ein Teil ihrer ehemaligen Mitglieder schloß sich in den 90er Jahren unter demselben Namen zu einer neuen Untergrundgruppe zusammen.

Chadli, Benjedid Nach dem Tod Houari Boumediennes wurde General Chadli Benjedid 1978 algerischer Staatspräsident. Er versprach die Öffnung Algeriens zum Westen, begann mit der Privatisierung von Staatsbetrieben und förderte statt der staatlichen Schwerindustrie vor allem privates Gewerbe und Konsum. Während sich die Funktionäre und die Günstlinge des Präsidenten rückhaltlos bereicherten, verfielen die sozialen Errungenschaften des sozialistischen Staates rapide, vor allem das Bildungs- und das Gesundheitssystem. Die Arbeitslosenzahlen schnellten in die Höhe; durch die Freigabe der Lebensmittelpreise wurde der Alltag für viele Familien zum Überlebenskampf. Nach der Jugendrevolte im Oktober 1988 leitete Chadli Reformen ein, um das System wenn möglich noch zu retten. Nach dem Abbruch der ersten freien Parlamentswahlen seit der Unabhängigkeit im Januar 1992 wurde Chadli Benjedid vom Militär abgesetzt.

Haddam, Anouar Der im Washingtoner Exil lebende Auslandssprecher der FIS war während der Parlamentswahlen 1991 Kandidat der »Islamischen Heilsfront« in der westalgerischen Stadt Tlemcen. 1994 vertrat Haddam die FIS während der »Plattform von Rom«. Ende 1996 wurde Haddam in den USA verhaftet, weil, so die offizielle Begründung, seine Aufenthaltsgenehmigung abgelaufen sei. Der Asylantrag, den er 1993 gestellt hatte, wurde abgelehnt.

Hamrouche, Mouloud Nachdem Mouloud Hamrouche 1989 zum Premierminister ernannt worden war, versuchte er, das System umfassend zu reformieren: Er bemühte sich um eine Sanierung der Staatsbetriebe und der Wirtschaft, verpflichtete die Polizei zu rechtsstaatlichem Handeln und setzte eine (theoretische) Garantie von Streik- und Demonstrationsrecht durch. Damit ging er großen Teilen der FLN-Kader und des Establishments zu weit, die ihre materiellen Interessen gefährdet sahen. Während der Unruhen im Sommer 1991 drängte Chadli seinen Premierminister, den Notstand auszurufen. Hamrouche trat aus Protest gegen diese Maßnahme zurück.

Kébir, Rabah Der Physikprofessor ist höchster Funktionär der FIS in Europa. Kébir floh Mitte 1992 mit seiner Familie nach Deutschland und beantragte hier politisches Asyl. Ein Jahr später wurde er verhaftet, weil die algerische Polizei ihm vorwirft, an einem Bombenattentat auf den Flughafen von Algier beteiligt gewesen zu sein. Deutschland lehnte Kébirs Auslieferung ab, weil ihm in Algier die Todesstrafe droht. Anfang 1994 wurde Kébir als Asylbewerber anerkannt, doch der Bundesbeauftragte für Asylangelegenheiten klagte wenig später gegen diesen Bescheid, der daraufhin aufgehoben wurde. In der Begründung hieß es, Kébir habe in Deutschland zu Gewalt gegen das algerische Regime aufgerufen. Deshalb erhielt der FIS-Auslandssprecher ein politisches Betätigungsverbot, gegen das er allerdings mehrfach verstieß; diese Verstöße brachten ihm eine Strafe von 5000 Mark ein. Vorwürfe, daß er den Waffenschmuggel nach Algerien oder Terroranschläge mitorganisiere, hat Kébir stets bestritten. Eine direkte Beteiligung konnte ihm bislang nicht nachgewiesen werden, doch nach Erkenntnissen der Ermittlungsbehörden in Deutschland und der Schweiz ist Kébir – um das mindeste zu sagen – mit einigen Organisatoren des Waffenschmuggels bestens vertraut. Im Januar 1996 bestätigte das Verwaltungsgericht Aachen Rabah Kébirs Recht auf Asyl.

Madani, Abassi Der Soziologieprofessor Abassi Madani gründete im Februar 1989 gemeinsam mit Cheikh Ali Belhadj die FIS. Die beiden hatten sich im Gefängnis kennengelernt; der 1931 geborene Abassi Madani galt als kompromißloser Verfechter einer Islamisierung Algeriens und saß von 1982 bis 1987 ohne Gerichtsurteil in Haft. Im Sommer 1991 rief Madani zu einem unbefristeten Generalstreik gegen das Wahlgesetz auf; zahlreiche Streiks und Demonstrationen vor allem in Algier waren die Folge. Die beiden FIS-Führer wurden erneut verhaftet und vom Militärgericht Blida wegen »Angriffs auf die Staatssicherheit« zu je zwölf Jahren Freiheitsentzug verurteilt.

Zéroual, Liamine Der ehemalige General (geb. 1941) wurde im Januar 1994 von der Armeeführung als Staatspräsident eingesetzt; er löste das »Hohe Staatskomitee« ab, das nach Präsident Chadli Benjedids erzwungenem Rücktritt im Anschluß an den Abbruch der Parlamentswahlen im Januar 1992 die Staatsführung übernommen hatte. Ein Jahr später ließ sich Zéroual vom Volk in seinem Amt bestätigen. Nach offiziellen Angaben erhielt er bei der Wahl am 16. November 61 Prozent der Stimmen; die Wahlbeteiligung lag danach bei 75 Prozent.

Zéroual gehört zu der politisch-militärischen Elite, die Algerien seit der Unabhängigkeit regiert. Als 16jähriger hatte er sich 1957 der »Nationalen Befreiungsarmee« (ALN) angeschlossen und war in den Untergrund gegangen, um gegen die französische Kolonialmacht zu kämpfen. Nach dem Sieg Algeriens machte Zéroual Karriere beim Militär; er wurde stellvertretender Generalstabschef und Befehlshaber der Bodenstreitkräfte. 1989 beendete er seine militärische Laufbahn, weil er sich mit dem amtierenden Präsidenten Chadli über die Reform der Streitkräfte zerstritten hatte, und wechselte in die Politik. Nach einem Zwischenspiel als Diplomat wurde er im Juli 1993 Verteidigungsminister. 1996 sicherte sich der Staatspräsident durch eine per Referendum abgesegnete Verfassungsänderung weitreichende Vollmachten. In Vorbereitung auf die Parlamentswahlen im Juni 1997 gründete er im April eine »Präsidentenpartei«, die »Nationaldemokratische Sammlungsbewegung« (»Rassemblement National Démocrate«, RND). Nach offiziellen Angaben erhielt sie gut 33 Prozent der Stimmen und stellt damit 156 der 380 Abgeordneten im Unterhaus. Die Wahlen seien stark manipuliert worden, kritisierte die gesamte Opposition noch am Wahltag. Auch UN-Beobachter monierten Unregelmäßigkeiten im Ablauf der Parlamentswahl. Bezweifelt wurde außerdem, daß die Wahlbeteiligung tatsächlich bei den von der Regierung angegebenen 65 Prozent lag.

Basisdaten Algerien

Name: Demokratische Volksrepublik Algerien
Al-Jumhuriyah al Jaza'iriyah ad Dimuqratiyah
as Shabiyah

Fläche: 2.381.741 km^2 (zweitgrößtes Land Afrikas)
die Landfläche besteht zu über zwei Dritteln
aus Wüste (Sahara)

Hauptstadt: Algier

unabhängig seit: 5. Juli 1962 (vorher französische Kolonie)

Nationalfeiertag: Jahrestag der Revolution, 1. November (1954)

Klima: trocken bis halbtrocken; milde, feuchte Winter
und heiße trockene Sommer an der Küste;
trockener mit kalteren Wintern und heißeren
Sommern auf den Hochebenen

Naturschätze: Erdöl, Erdgas, Eisenerz, Phosphate, Uran, Blei, Zink

Bevölkerung: 29.000.000 (Fortschreibung Juli 96)
ca. 83% Araber, ca. 16% Berber

Altersstruktur: 0 – 14 J.: 40%
15 – 64 J.: 56%
65 + 4%

Bevölkerungs-
wachstum: 2,4 % jährlich (Schätzung 1996)

Lebenserwartung
bei der Geburt: 67,8 Jahre (1994) / Deutschland: 76,3

Kindersterb-
lichkeit: 51 (auf 1.000 Geburten; 1994) (1960 = 168)

Alphabetisierung: 59,4 % (1994)

Quellen: UNDP (1997); Weltbank (1997), World Fact Book (1997)

Über die Autorin

Bettina Rühl (geb. 1965) ist freiberufliche Journalistin mit dem Arbeitsschwerpunkt Afrika. In den vergangenen Jahren hat sie aus den verschiedenen Maghrebstaaten und einigen Ländern des südlichen Afrikas berichtet. Bettina Rühl lebt in Köln.